新・流通と商業

第6版

鈴木安昭 =著
東　伸一・懸田　豊・三村優美子 =補訂

有斐閣

第6版へのはしがき

　本書の前身となる『流通と商業』が放送大学の教材として出版されたのは，1985年のことです。その後，放送大学の科目廃止にともなって，『新・流通と商業』として版を改め，1993年に有斐閣より現行の本書の初版として刊行されました。以来，最新の「商業統計」の結果が発表されるたびに，本書に掲載している統計データの更新を施し，流通・商業の新たな変化動向を取り入れつつ，2010年までに実に6度にわたる改訂を行ってきました。

　その間，本書は，全国各地の大学で流通と商業の基礎を学ぶ大学1〜2年生の皆さんだけでなく，マーケティング論や消費者行動論などを習得し就職活動を控えた時期に商品流通の社会的仕組みについての理解を深めようとする大学3〜4年生から大学院修士課程に所属する皆さん，さらには実務の現場で経験的に獲得した知識の体系化を目指す社会人（学生）の皆さんの学びのパートナーとしての役割を果たしてきました。

　経済活動の1つである流通は，その役割を与える生産と消費のあり方である流通課業環境やその役目に制約を課す種々な要因としての制約環境の状態によって，その姿を変えていきます。また，流通の社会的仕組み（流通機構/流通システム）の編成様式は，それぞれの地域の歴史的・社会的・文化的発展の経路に少なからず依存しています。流通・商業についての体系的な理解を図るためには，まず，その全体像，つまり「いま，どのようになっているのか」を把握する必要があります。そのうえで初めて，「どのようにして，そうなったのか」，さらには「なぜ，そうなったのか」について検証を試みることができるようになります。

本書は，流通・商業についての学習・研究を深めるうえで欠かすことのできない，このような段階の存在に鑑み，全編を通して流通・商業とその周縁を構成する各種環境要因のマクロ的・統計的把握を重視した構成のもと，執筆され，これまでの版を重ねてきました。こうした構成を維持することで，流通の大海を鳥瞰的にとらえるための手がかりとしての基本視座，そして，さらなる学びへの接点をコンパクトな1冊の書籍の学習を通して提供しえているといえます。

　今回の第6版の刊行にあたりましては，2011年8月8日，享年81歳で天に召されました鈴木安昭教授のご遺志を継ぐ形で，異なる経路を歩みつつ鈴木先生とともに学ぶ機会に恵まれた3人の研究者が，鈴木先生との議論や先生から残された課題，そして『新・流通と商業』各版の見直しを踏まえ，原著の特色を損なうことなく，流通・商業をめぐる新たな変化潮流をくみ取ることを重視しながら補訂作業を進めてきました。この目標については，一定程度達成することができたと一同，自負しております。

　しかし，第6版の刊行に向けた準備を進める中で，1つ残念な出来事がありました。それは，流通・商業の研究に資する統計環境が急速に悪化したことです。とりわけ，2014年の商業統計調査のタイミングで統計制度が大幅に変更されたため，これまで本書で試みてきたような時系列による流通構造の分析に支障が生じている点は無視することができません。悉皆調査（センサス：census）であるはずの商業統計調査の捕捉率が大幅に低下しているだけでなく，各種指標の根拠が過去のそれと性格を異とするものになっていることは，一貫性のある分析を行ううえで大きな障壁となります。次回調査以降の制度改善を願うばかりです。

　このような大きな問題が生じた一方，財の流れに関する機能

(第 3 章），情報伝達に関する機能（第 4 章），生産者と流通（第 5 章），卸売業の役割と機能（第 12 章），流通・商業に対する公共政策（第 14 章）といった章では，鈴木先生が長年，課題として指摘されていた事項を含め，比較的大幅な加筆を行い，内容の充実を図ることができました。新たな版として刊行される本書が，読者の皆さんの期待に十分こたえうるものとなることを祈念しております。

　有斐閣編集部の柴田守氏の緻密なご支援をなくして，この第 6 版が刊行の日を迎えることができなかったことも，この場を借りて記させていただきます。各補訂者が旧版に手書きで書き込んだ大量の改訂稿を美しくレイアウトしてくださったのも，タイトな補訂スケジュールの中，スムーズな進捗を常にうながしてくださったのも同氏です。心からの感謝を申し上げます。

　そして，このような形で第 6 版の刊行をご快諾くださった鈴木先生のご家族の皆様に心からのお礼を申し上げます。また，先生の想いに十分にお応えすることが叶っておりませんことを痛感しておりますが，この第 6 版が天国におられる鈴木先生へのささやかな恩返しとなればと願っています。

　　　2016 年秋

　　　　　　　　　　　　　　東伸一，懸田豊，三村優美子

初版はしがき

　「流通と商業」は非常に日常的な主題である。われわれの生活は消費者としての側面を抜きにしてはありえない。買物をした経験は誰もがもっている。小売店舗は街の景観の重要な一部であるが，その外観も変化を続けており，大型店も各地に進出し，自動販売機も当然のものとして受け入れられている。販売される商品の変化は通行中でも目にふれる。

　働く人の2割は卸売業と小売業で働いており，直接あるいは間接にそれらの景気の良し悪しが与える影響を感じている人も多い。道路を走るトラックの多さ，それによって引き起こされる交通渋滞に眉をひそめた人も多いだろう。他方，店頭のPOSシステムに接して，その背後にある情報のネットワークを想定することができる人も増加しているに違いない。

　このような日常的な経験から，さらに一歩踏みこんでみようというのが，本書のねらいである。われわれにその一部をみせている流通の社会的な仕組みが，全体としてどのようになっているのか，なぜそうなっているのかを知り，できればどこに問題があり，どのように改善すべきかまで入りこみたいものである。しかし，「どのようになっているか」を知ることだけでも容易ではない。まして「なぜそうなっているか」ということになると，まだ研究は不十分である。そのため評価が混乱し，時には誤解と思われることも主張されている。

　本書は，こうした問題意識とこれまでの研究成果を基礎として，包括的に，均衡がとれるように，まとめたものである。

本書の前身は放送大学の印刷教材として長年にわたって使用されたものであるが，科目の廃止にともなって，ここに版を改め，加筆，更新したものである。

　本書で心掛けてきたことは，「平易であるが粗雑ではなく，厳密ではあるが難解ではない」ということであった。この主題に初めて接する人にも抵抗なく読破できるが，専門家が見てくだされば，新しい整理の仕方，独自の判断も見出していただけるだろう。

　また加筆にさいしては，私が大学の教科書として使用してきた経験を生かした。統計資料が豊富に取り入れられているのも本書の特徴である。学生が資料を読みこなす訓練のための素材を提供することも意図したのである。詳細な目次とともに教室での学習の伴侶として利用されることも期待されるが，地域社会の事例や時事問題を補強することが望まれる。

　本書には著者のこれまでの研究を活用しているが，もちろん多くの研究者の研究成果も反映している。とくに第8章の商業部門の存立に関しては『商業論』（有斐閣新書）の共著者であった神戸大学田村正紀教授に負うている。

　なお，この有斐閣版を刊行するにあたって，同社書籍編集部の伊東晋氏にお世話いただき，またレイアウトなどにアイデアを提供していただいたことに，心からのお礼を申し上げたい。

　　1993年3月

鈴　木　安　昭

◇ 本書を読み進んでいただくにあたって

　本書を読み進んでいただくにあたって，ご留意いただきたい点があります。1つは，本書の特徴でもある流通構造の分析のために用いる商業統計調査の制度変更による影響です。複数店舗を経営する企業に対する本部一括調査の実施などによる捕捉率の低下，産業分類の変更，商業統計で捕捉する（しない）事業所タイプの見直しなどを反映し，2014年の商業統計調査のデータは，これまでに実施されてきた同調査の結果のように時系列で一貫した分析を行うことが困難なものとなっています。本書の各図表においても，極力，最新の統計数値に基づいた分析を心がけていますが，統計そのものの制約により，望ましい形で時系列による構造分析に支障をきたしている箇所があります。これらの制約が存在することを前提として，2014年の商業統計の数値について読み取っていただきたいと思います。また，流通・商業に関する各種統計データについては，以下の「流通・商業に関連する統計・資料一覧」にリストアップしています。これらもあわせてご参照ください。

　もう1つの点は，本書はコンパクトで簡潔な書籍であることをそのコンセプトの中核に据えていますので，各テーマについての記述や説明を最小限にとどめています。より深くこのテーマについて学んでいただくためには，巻末の「より進んで学ぶために」に挙げました専門書を読み進んでいただきたいと思います。また，本書の内容を理論と現象の両面から掘り下げていくことを目的とした姉妹書『データブック流通と商業』の刊行を準備しています。こちらもあわせてお読みいただければと思います。

流通・商業に関連する統計・資料一覧

- 商業統計表（経済産業省）
- 経済センサス基本調査・活動調査（経済産業省）
- 商業動態統計（経済産業省）
- 百貨店売上高概況（日本百貨店協会）
- チェーンストア販売統計（日本チェーンストア協会）
- SC販売統計（日本ショッピングセンター協会）
- ホームセンター売上高／DIY小売業実態調査（日本ドゥ・イット・ユアセルフ協会）
- コンビニエンスストア統計／フランチャイズチェーン統計（日本フランチャイズチェーン協会）
- Global Powers of Retailing（Deloitte社）
- 貿易統計（財務省）
- 物流センサス（国土交通省）
- 家計調査（総務省）
- 国勢調査（総務省）
- JCA統計（クレジット関連統計）（日本クレジット協会）
- 日本の広告費（電通）
- 広告白書（日経広告研究所）
- 日経小売業調査（日経MJ）
- 日本の小売業ランキング／日本の中間流通ランキング（ダイヤモンド社『チェーンストア』）
- ホームセンター経営統計／ホームセンター年鑑（日本ホームセンター研究所）
- ドラッグストア経営統計／ドラッグストア年間（日本ホームセンター研究所）

このほかにも数多くの関連統計・資料があるだけでなく，国内外のマクロ統計データと個別企業情報を集約したデータベース

(Euromonitor 社など）や国内のマクロ統計を集めたデータベース（アイ・エヌ情報センターなど），さらには国内外の個別企業の財務データをはじめとする経営データのデータベース，過去の新聞・雑誌の膨大な記事をアーカイブ化したデータベース（日経テレコンなど）など，流通・商業の研究に用いることのできる資料は多様です。

◇ 目　次

第1章　流通の社会的役割と流通機構 ——————— 1
人間の生活と消費・生産・流通　1
生産と消費の懸隔　4
流通の社会的役割　5
流通機構（流通システム）　8
流通機構の歴史的・社会的性格　9
国際流通　12

第2章　流通機能(1) ——————————————— 17
────所有権の流れに関する機能
はじめに────流通機能　17
1　所有権移転機能　19
　交　換　19
　市　場　20
　売買契約　21
　流通金融　28
2　危険負担機能　30
　所有と危険負担　30
　危険への対応　32

第3章　流通機能(2) ——————————————— 35
────財の流れに関する機能
財の流れ　35
輸　送　36
保　管　42
包　装　43
荷　役　45
流通加工　46

第4章 流通機能(3) ———————————————— 51
——情報の伝達に関する機能
情報伝達機能とその役割　51
流通情報伝達のための基本的活動　54
流通情報とその種類　57
高度情報化と流通情報　68
流通近代化,流通システム化の政策と流通情報化　71

第5章 流通機能担当者の分化と統合 ———————— 83
流通機能の担当者　83
流通機能担当者の垂直的分化と統合　85
流通機能担当者の水平的分化と統合　88
流通機能担当者の機能的分化と統合　95

第6章 消費者と流通 ———————————————— 101
消費者の権利と責任　101
人口と世帯　105
消費水準　109
消費のサービス化　111
消費構造の変化　112
商品・ブランド（銘柄）選択と消費価値　119
店舗選択と商業集積の選択　122
買物行動と消費財の分類　123

第7章 生産者と流通 ———————————————— 127
生産者にとっての流通の意義　127
小規模生産者と問屋制度　128
生産者の大規模化と流通への介入　129
企業の経営戦略とマーケティング管理　131
製品政策　134
価格政策　137
プロモーション政策　140
チャネル政策（販売経路政策：販路政策）　145

第8章　商業の存立基盤 ─────────── 149
 商業の意義　149
 商業による流通費用の節約　150
 取引数単純化の原理（総取引数極小化の原理）　152
 情報縮約・整合の原理　153
 集中貯蔵の原理　154
 規模の経済　155
 卸売部門と小売部門の分化　155
 商業部門の収縮・排除　156

第9章　小売業の役割と機能 ─────────── 159
 小売と卸売　159
 小　売　業　160
 小売業の社会的役割　161
 小売業の機能　164

第10章　小売業の構造 ─────────── 173
 小売企業と小売店舗（事業所）　173
 規模構造　175
 業種構造　177
 地域構造　178
 形態構造　181

第11章　小売業の諸形態 ─────────── 183
 小売業の諸形態　183
 小売形態の動態に関する仮説　188
 代表的な小売店舗形態と小売業の経営形態　191
 百　貨　店　192
 チェーンストア　194
 スーパー，総合スーパー　197
 無店舗販売　202
 中小小売業者　207
 専　門　店　210
 コンビニエンス・ストア　211
 企業間組織（組織間関係）の形態　212

ボランタリー・チェーン　212
　　フランチャイズ・チェーン　213
　　製造業者による流通系列化　214
　　商店街とショッピング・センター　215
　　農協・生協による小売活動　216

第12章　卸売業の役割と機能 ── 221
　　卸売・卸売業　221
　　卸売業の役割　223
　　卸売業の機能　226

第13章　卸売業の構造と諸形態 ── 231
　　卸売業の段階構造　231
　　卸売業の規模構造　233
　　卸売業の業種構造　234
　　卸売業の地域構造　235
　　卸売業の諸形態　237

第14章　流通・商業に対する公共政策 ── 243
　　自由経済体制と公共政策　243
　　望ましい流通機構の基準　244
　　流通制度の改革　246
　　流通活動のための基盤整備の政策　247
　　調査と将来像の作成　248
　　商業への参入規制　249
　　公正取引の確保についての規制　249
　　中小商業の振興　251
　　小売業の異形態間競争の調整　253
　　商業・流通活動の立地配分　257
　　中央卸売市場の整備　258
　　取引商品の安全性の確保　259
　　契約上の消費者利益の擁護　259
　　流通近代化政策の意義　262

より進んで学ぶために　265

索　引　269

もう一歩考えてみよう

　流通の有効性の欠如　7
　流通で架橋するのは「生産と消費」の懸隔か「生産者と消費者」の懸隔
　　か　15
　掛繋取引（ヘッジング：hedging）　34
　輸送と保管（多頻度・少量物流）　50
　酒屋とコンビニエンス・ストア　100
　流通系列化と再販売価格維持　139
　流通機能担当者の垂直的・機能的分化　158
　shop と store　165
　日本の小売業と国際化　172
　小売店舗形態（業態）の新たな展開　219
　日本の W／R 比率（卸・小売比率）　230

本書のコピー, スキャン, デジタル化等の無断複製は著作権法上での例外を除き禁じられています。本書を代行業者等の第三者に依頼してスキャンやデジタル化することは, たとえ個人や家庭内での利用でも著作権法違反です。

第1章

流通の社会的役割と流通機構

⌘ 人間の生活と消費・生産・流通

われわれ人間は，生命を与えられて生き続ける間に，きわめて多面的な生活を送っている。働き，学び，食べ，眠り，話し，祈り，遊び，争い，などなど。それらの生活行動のうち，人間にとって不可欠な一部が経済生活である。人間の生活を支え，さらにそれを豊かにするための財やサービスを生産し，消費する生活行動がある。自然に実った果実や穀物を採取したり，魚や動物の狩猟をする単純な原始社会の場合でも，現代の複雑な社会にあっても，経済活動は人間の生活のためという最終的な目標を離れてはありえない。しかし現代の社会にあっては，その最終的な目標を

◇ 本章で学ぶこと

流通は必要悪で，なしですませることができれば，ないほうがよいのだろうか。それとも流通は望ましい社会的役割を果たしていて，今後もいっそう必要性を増してくるのだろうか。

実現するために巨大な社会的な仕組みができあがっている。流通はその仕組みにおいて必要不可欠な部分をなしている。なぜ，それが必要であるかを理解するためには，生産と消費の現状を理解することから始めなければならない。

(1) 消　　費

家計調査では勤労者世帯と呼ばれている，通常の家庭の場合を考えてみよう。その家計は，企業等で働いて得た収入で生活に必要な消費財（食料，衣料，家具，自動車など）を購入し，生活関連サービス（クリーニング，美容，娯楽，教育など）の料金を支払う。これらの財やサービスを消費するという側面からみると，人間は消費者としてとらえることができる。

人々の労働が特定の産業・職業に専門化する社会的分業が進展した結果として，生活のための材料であるこれらの消費の対象は家計の外で生産されるようになり，購入されなければならなくなった。しかも所得水準の上昇にともなって消費の内容は増加し，多様化した。

同様に生産の単位である企業においても，財（機械・設備などの資本財と原材料などの生産財が区別されるが，一括して産業財とも呼ばれる）やサービス（輸送，修理など）が購入されなければならないが，消費者が「消費する」のに対して，企業では「**産業用使用が行われる**」として用語で区別することにする。ただし，本書で主として対象とするのは，家計の最終消費者によって消費される財（消費財）である。

(2) 生　産

　生産活動の主体となるのは企業である。具体的には，それぞれの工場などの事業所で生産活動が行われる。その生産活動は，産出した財を販売して利益を得ることを目的として行われる。

　企業の生産する財は時代とともに変化する。産業革命を第1段階として工業化社会が出現すると，第1次産業（農林水産業）中心から第2次産業（製造業，鉱業，建設業など）に重点が移行した。製造業の内部でも軽工業部門（食料品工業，繊維工業など）がまず発展したが，重工業（機械工業，金属工業など）・化学工業部門の比重が高まった。さらに今日では，財を生産せず，サービスを生産する第3次産業の比重が高まりつつあり，サービス経済化と呼ばれている。

　工業化の進展とともに生産の大規模化が進み，数少ない大工場から規格化された製品が大量に産出される。しかし，日本には多数の中小企業や農家・漁家が存在しており，多品種少量生産が行われている。したがって，産業財の投入も大量の場合と少量ずつの場合がある。

　こうして消費者の購入する多様な財が直接にそれらを目的とした企業で生産されるばかりでなく，それらを生産するために使用される産業財としての原材料や機械・設備が，それぞれを生産する企業によって，供給される。

⌘ 生産と消費の懸隔

　生産された財は消費され，あるいは産業用に使用されることによって初めて目的が達成される。しかし，その財の生産と消費・産業用使用との間には多様な隔たり（懸隔(けんかく)）が生じている。その懸隔のとらえ方にはいろいろあるが，ここでは以下のようにとらえる（消費財を例として説明する）。

（1）所　　有

　生産者と消費者が，社会的分業の結果として分離したために生じた懸隔である。したがって，人的懸隔とも表現される。消費者が消費できるためには，その財を自己の所有物としなければならない。その所有権を最初にもつのは生産者であるが，生産者は所有し消費するために生産したのではなく，その所有権を譲渡して，目標とする貨幣を入手するために生産したのである。

（2）空　　間

　生産の地点と消費の地点の間に距離があることにより生ずる懸隔である。生産の地点は，自然的な条件や地価・賃金水準など多くの社会的条件を考慮して決定された工場などの立地により規定される。その生産の地点から住居など消費の地点までは，時には家の近所で作られた豆腐のように近く，時にはフランス産のワインのように遠いが，いずれにしても空間的に隔たっている。

（3）時　　間

　生産の時点と消費の時点の間に時間的な隔たりがあることによ

り生ずる懸隔である。秋に収穫された米を1年間にわたって消費するという例からも明らかである。また，冬にだけ用いる暖房器具をあらかじめ何カ月も前から生産するなど，見込み生産が行われる場合もこの懸隔がみられる例である。

(4) 量と組合せ

消費者は，組み合わせて選んだ多様な財を少量ずつ消費する。しかし財の生産においては，技術的条件，経済的条件などで規定された限られた種類の財を継続して生産する。そこで，個別品目の生産量と消費量，生産に都合のよい生産物の組合せと消費者が必要とする幅広い組合せとの間に懸隔が生ずる。

(5) 情　報

消費者が，どこで，何を，どれだけ，どのような価格で入手したいと思っているか，あるいは，入手しようとする意欲をもつ可能性があるかについて生産者が知らないこと，そして消費者も同様に生産部門についての知識をもたないことから生ずる懸隔である。

⌘ 流通の社会的役割

以上のような，生産と消費の間に生ずる隔たりを橋渡しし，需要と供給を一致させることが，流通の果たす社会的役割である。その役割が適切になされることにより，生産から消費にいたる経済循環がより望ましい形で遂行されることになる。

財の生産と消費の間の懸隔に架橋するという役割をより具体

にみると，それは生産と消費の間を，つぎの諸要素が順調に移動することで遂行される役割である。その諸要素とは，①所有権，②財，③情報，④貨幣である。ただし，貨幣の移動と所有権の移動とは，売手と買手の間において反対の方向であっても一対の移動をなしているから，所有権の移動に両者を包含することができる。

所有権が移動することにより架橋されるのは，所有の懸隔である。空間，時間の懸隔の架橋は財の移動に関わっている。財が輸送されることによって空間の懸隔が架橋され，財が保管されることによって時間の懸隔が架橋される。そして，所有権と財の移動の過程で選別され（質により分ける），集荷され（同質の財を集める），分荷され（大きな単位にまとめられている同質の財を小さな単位に分割する），品揃えが行われる（望ましい組合せで異質の財をまとめる）ことによって，量・組合せの懸隔が架橋され

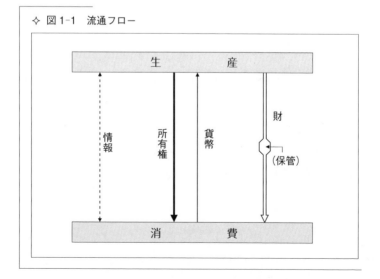

◇ 図1-1　流通フロー

ることになる。情報の移動によって架橋されるのは情報の懸隔である。図 1-1 にあるように，情報の流れの矢印が 2 方向であることに注意する必要がある。これらの移動は総合して**流通フロー**（flow）と呼ばれ，所有権のフローは商流（貨幣のみを資金流），財のフローは物流，情報のフローは情報流と呼ばれる。

　流通の社会的役割が適切に果たされないと，生産者にも消費者にも多様な問題をもたらすことになる。例えば，生産者にとっては消費に関する情報が不適切な場合は製品が不適切となり，販売（所有権の移転）が計画した量に達せず，利益を生み出すことができないことになる。同様に，地域的な製品の配分が不適切になって品切れになったり，売残りが発生したりすることになる。また，消費者にとってみると，最も望ましい財でないものを購入してしまったり，購入したい財が便宜に入手できなかったり，消費の方法（料理の仕方，保管の方法，電子機器の操作など）が誤っていたり，価格が高すぎたりすることになる。

◇ もう一歩考えてみよう： 流通の有効性の欠如
　以下の旧ソ連に関する記述は，流通が社会的役割を果たさない場合の一例を示している。
　「旧ソ連は 80 年代末に穀物，食肉，牛乳，卵の 1 人当り生産量は西欧並の水準に達していた。しかし消費者の手に届くのはそのうちのごくわずかだった。まず……農業機械不足のために刈入れ中に穀物がだめになった。つぎにトラック（中古の軍用車など）が食糧輸送に不向きなため，輸送中にそれ以上の穀物がだめになった。さらに毎年じゃがいもや野菜の約 50％ が都市の貯蔵施設で腐ってしまった。最後に都市では小売店が足りなかった」（ジョレス・A．メドベージェフ「つまずいたロシアの農業改革」『日本経済新聞』1992 年 10 月 15 日）。

⌘ 流通機構（流通システム）

　流通の役割を遂行するための社会的な仕組みが流通機構である。流通機構は，相互に関連しながら行動する単位である構成要素によって構成されている。それらは，いくつかの次元でとらえることができるが，経済主体（独自の意思決定で，その占有する人，資金，財，情報などの資源を目標に向かって操作する単位）を単位とすれば，消費者（家計）と企業に大別できる（政府は省略して考える）。

　消費者は，消費活動を行うとともに流通活動を行う。企業である財の生産者は，生産活動を行うとともに生産物の販売と産業財の購入にあたって流通活動を行う。このように，消費者と生産者は流通機構にとって不可欠な構成要素であるものの，流通活動の担当者を論じる際に消費者と生産者を除外してしまうことがあるので，注意をしなければならない。

　このことは流通機構を部分に分割して，ある特定の財の流通に焦点をあてると理解しやすいであろう。ある財の生産から消費にいたる流通フローの経路（channel）を**流通経路**と呼ぶ。流通経路の類型のうち直接流通と呼ばれているものには，生産者と消費者しか存在しない。身近な事例として，豆腐の製造小売業者による消費者への豆腐の販売が挙げられるし，化粧品の製造業者が直接に訪問販売するのも代表的な事例の1つである。

　しかし，流通機構の構成要素となるものは消費者と生産者のみ

ではない。後に第5章，第8章などで詳しく学ぶように，消費者と生産者以外の者が参加することによって，かえって望ましい結果が得られることが多いからである。

消費者と生産者以外に流通機構の構成要素となるものには，まず垂直的に，つまり流通フローに沿って，消費者と生産者の中間に独立の企業として介在する卸売業者と小売業者がある。また，社会的分業の進展の結果として，物流に関しては，輸送にあたる陸・海・空の輸送業者，保管にあたる倉庫業者などがあり，商流に関しては，流通金融を担当する金融機関や危険負担を担当する保険業者などがある。さらに情報流に関しては，広告，市場調査，情報伝達経路（印刷物や電波など）の提供などを分担する専門業者がある。これらの業者は流通以外の目的にも応じているが，同時に流通フローに関与した業務を遂行している。

こうして多様な部門を形成している企業と多数の消費者とが，流通に関して相互に関連しあいながら意思決定を行うことによって，流通の社会的仕組みである流通機構が成立している。

✼ 流通機構の歴史的・社会的性格

このような意味での流通機構が，今日の日本の経済活動を支え社会的役割を遂行しているが，その流通機構のあり方に対して，かつて遅れているとか非効率であるといった批判が寄せられていた。とくに，アメリカの流通との比較で，中小小売業者の多さやそれを支える卸売業者の介在が，日本の流通の特性を表すものと

考えられていたのである。

　ただし，流通はその国の経済社会のあり方に適合して存在しており，消費者ニーズや買物行動の変化に合わせて姿を変えていく。1980年代以降，日本の流通はダイナミックな変化を遂げてきた。それを最もよく示しているのは飲食料品小売業の動きである。

　飲食料品小売業は，約31万店と小売業の中で最大の勢力である（2014年，商業統計調査）。中小の野菜・果実小売業や鮮魚小売業などが近隣の商店街を構成し，消費者に買物の利便性を提供してきた。それが大きく変化し始めたのは，1980年代の食品スーパーの台頭による。この結果，飲食料品小売業では，店舗数は大きく減少する一方で，年間販売額は緩やかな減少にとどまっていた。これは，一般的に「業種から業態へ」（第5章で説明）の転換として説明されているが，その背景にまとめ買いの利便性を志向する消費者の買物行動の変化があることは否定できない。また，この小売業の構造変化がそれを支える食品卸売業や卸売市場のあり方を変えてきたことにも注目すべきである。

　1990年代以降，飲食料品小売業の構造変化は加速し，中小小売業の減少と近隣商店街の空洞化が顕著になっている。これは，やむをえないとの見方もあるが，2000年代に入って人口減少と高齢化が進む中で，近くで食品の購入ができないという「買物弱者」の問題が表面化している。これに対して，コンビニエンス・ストア，ミニスーパーなどの小型店舗の展開，巡回販売，ネットスーパーと宅配など，その市場変化に対応する動きが活発化して

いる。日本の流通機構が，消費社会の要請に合わせて柔軟に変化していることを示すものといえよう。

　流通機構はそれを取り巻く外部，すなわち環境から影響を受け，また環境に影響を与える。流通機構の環境を構成するものには，①課業環境と呼ばれる，流通の課業を与え，流通の役割を期待する，生産の仕組みと消費の仕組みがある。また，②制約環境として流通機構を制約する労働力市場，資金市場，技術水準，都市環境，交通・通信の仕組み，政府の政策，そしてより広く一般的経済・社会条件，自然条件などがある。

　流通機構の内部にある先に述べたような構成要素の量・質と行動（環境変化に対応しながら，目的を達成しようとする行動）は，競争・衝突関係や協調関係をともないながら，流通機構の態様を決定する。その競争・衝突関係には，顧客の愛顧を取り合う水平的競争（同種の形態の業者の間の競争）および異形態間競争（形態の異なった業者の間の競争），あるいは垂直的衝突（生産者・卸売業者・小売業者の間での利益の分配などに関する衝突）がある。そして反面に，それらの間には相互依存関係を強化するための協調関係も生ずる。

　こうして流通機構の内・外の諸条件が重なりあって，ある国の，ある時期の流通機構を形成することになる。特定の品目，特定の地域，あるいは，小売とか卸売といった特定の段階についての部分的流通機構についても，ほぼ同様に考えることができる。

⌘ 国際流通

 流通は国内で行われるだけではなく,国際間においても行われる。国際流通は流通の起点と終点の間に国境が存在する流通であり,国際貿易あるいは貿易と呼ばれてきた。

 国々は,それぞれに,独自の自然,歴史,文化,社会,経済などをもっている。そして国家主権のもとで統一され,独自の公共政策を行っている。したがって,国際流通が行われるには,言語,貨幣,取引慣習,計量単位などの差異を克服しなければならず,また各国政府の規制に従わなければならない。そのため,国内流通に比して複雑な手続きを必要とし,また危険も多くなる。

 そのような困難がありながら,古くから国際流通が行われてきたのは,他国に比して相対的に安価に生産される財を輸出し,相対的に高くつく財あるいは生産不可能な財を輸入することによって,それぞれの国が利益を得るからである。

 生産費が国により異なるのは,つぎの諸条件の差による。①自然条件の差異(石油,鉄鉱石のような自然資源の分布,栽培可能な農作物に影響する気象条件の差異など)。②社会的・経済的条件の差異(各国の歴史的条件の差によって,資本,人的資源,技術などの蓄積に差がある。そのため近代的な産業が成立した国と発展途上の国との間で生産力の差が生じ,また賃金水準など生産要素の価格差が生ずる)。

 近代社会の国際流通は,先進国が,発展途上国から,食糧や工

業原料を輸入し,反対に工業製品を輸出するという南北貿易が中心であった。しかし今日では,自動車の貿易にみられるように,先進工業国間で,同一品目の財が相互に輸出入される,水平貿易が一般的になった。これは各国の個々の製造業者の製品が品質やデザインに関して差別化され,また最終の需要者の好みが多様化してきたからである。

国際流通が行われると,各国に,輸出入の不均衡の問題や,輸入によって後進的な産業分野が発展しないという問題などが発生する。そのため輸入関税を課したり,直接的に輸入制限を行ってきた。しかし第2次大戦後に自由な貿易が世界経済を発展させるという立場から,1948年にガット(GATT:General Agreement on Tariffs and Trade)が発足し,貿易自由化が徐々に進展した。さらに国際流通を促進するためには,互いに市場を開放して分かちあうことが必要であるとの立場から,国家間の規制を撤廃した経済統合が実現している。自由貿易地域,関税同盟,共同市場などの諸形態がみられ,とくに欧州連合(EU)に最も進んだ形態がみられる。

さらにガットに代わって,より強力に世界の貿易を促進する機関として世界貿易機関(WTO:World Trade Organization)が1995年1月1日から発足している。WTOの制度は,財のみならずサービスや知的財産権に関する協定を含み,また紛争解決手続き,貿易政策の検討のための制度,複数国間貿易協定などの広範な内容に及んでいる。

国際流通と密接な関連をもつ動きに企業活動の国際化がある。企業が製品を輸出するだけにとどまらずに，海外に子会社を設立し，そこへの半製品・部品輸出，そこからの製品輸出を行うなど，多国籍の，世界規模の企業活動が行われ，国際流通を多様なものとしている。

課題

1) 消費財と産業財について，買手の買い方を比較しなさい。
   *1回の購入量・金額，買手の専門知識，決定に参加する人数など。
2) 「経済が発展すれば流通の必要性は少なくなる」という意見について，消費者の立場から論じなさい。
   *流通を必要とさせている生産と消費の間の諸懸隔について，どのように変化するかを考えてみよう。第2章～第4章を学習してから再考するとよい。
3) 日本の流通機構が歴史的にどのように変化してきたか，また地域的にどのような差異があるか，部分的でよいから整理してみよう。
   *例えば，まちの中の商店街の変化について，環境諸要因の変化とともに考えてみよう。

✧ もう一歩考えてみよう： 流通で架橋するのは「生産と消費」の懸隔か「生産者と消費者」の懸隔か

　流通を考えるには，流通とは何か，ということが明確になっていなければならない。しかし，論者の間で一致していない（ここでは消費財の場合を取り上げるが，産業財の場合は生産と産業使用の懸隔の問題として考えればよい）。

　流通機構とは卸売業と小売業のことであるとされることも多いが，この見方では生産者も消費者も流通活動をしていないことになる。消費者の購入価格と生産者の出荷価格の差が流通費用であるとする場合も同じである。またその差に生産者の流通費用を付加したものが流通費用であるとの考え方は，流通とは「生産者と消費者」の間のことであることを意味している。

　生産者も消費者も流通活動を遂行し，そのための費用を支出していることを無視しては，流通の正しい理解は得られない。また流通活動のどの部分を誰が担当するか，それがどのように変動しているかを把握するためにも，「流通は生産と消費の懸隔を対象とする」としなければならない。例えば，通信販売と店舗による小売の代替関係の考察には，消費者の遂行する流通活動を除外することができない。

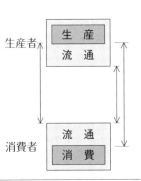

第2章

流通機能(1)
——所有権の流れに関する機能

⌘ **はじめに**——流通機能

　第1章では，生産と消費の懸隔を架橋することが流通の役割であり，そのために流通フローが生じなければならないことを学んだ。流通フローは，流通機構を構成する諸要素の行動，つまり流通活動の遂行の結果生じるものであり，ここではその活動を流通機能としてとらえることにする。ただし，流通機能については論者の間に意見が分かれていることに注意しなければならない。第1章で取り上げた流通の社会的役割は，ここでの解釈では流通活動の結果であるが，そのような結果そのものを流通機能であると

◇ **本章で学ぶこと**
　流通が社会的な役割を達成するには，流通機能が遂行されなくてはならない。社会的分業の結果として，生産しない財は購入して所有権を入手しなければ消費できず，また，販売を目的として生産が行われるが，それには危険がともなうことも理解する。

し，需給接合機能であると説かれる場合もある。

本書では，流通機能をつぎのように整理する。

(1) 所有権の流れに関する機能

①所有権移転機能：財の所有権を移転するための諸活動を包含している。取引先を決定し，商品を選択し，価格を決定し，代金の支払い・受取りが行われ，必要に応じて金融がともなう。

②危険負担機能：財を所有することは，同時に危険負担をすることである。所有することになった財の適否，取引条件の有利・不利，所有期間中の災厄による物的価値の減少，流行や新製品の出現等による経済的価値の減少などが危険の内容となる。

(2) 財の流れに関する機能

③輸送機能：財を異なる地点間で移動するための諸活動である。輸送のための包装，車や船に積み，そして下ろす荷役，そして具体的に2地点を運ぶ輸送などの活動がある。

④保管機能：財を異なった時点間でその価値を損なわないように保つための諸活動である。保管のための包装，積み上げ，積み下ろし，保管，選別などの活動が含まれる。

(3) 情報の伝達に関する機能

⑤情報伝達機能：財の供給に関する情報を財の流れの方向に，財の需要に関する情報をそれと反対の方向に伝達することに関する諸活動であり，伝達内容を準備し，媒体を使って送り，受け取るなどの諸活動を目的に応じて行う。また所有権の流れおよび財の流れは情報の伝達をともなわなければならない。

本章では，この中の(1)①②について述べる。第3章では(2)③④，第4章で(3)⑤について述べよう。

1　所有権移転機能

　すでに学んだように，ある財を消費しようとする消費者，あるいは産業用に使用しようとする企業などは，その財の所有権を入手しなければならない。そして，生産者は所有権を手放し，代金を入手することによって初めて生産の目的が達成される。この所有権移転に関わる諸側面を，以下で学ぶことにしよう。

⌘ 交　　換

　財が，ある経済主体（家計・企業・政府）の所有から他の経済主体の所有に移転するには，贈られる（贈与），無理に取り上げる（掠奪），政治権力によって提出させる（貢納）などの場合もあるが，最も基礎的なものは交換である。交換は他の形式とともに原始社会に始まっており，今日に及んでいる。

　交換はまず物々交換で始まった。各地域ごとに自然条件の相違，生産機能・生産組織の発展の差異が存在し，また，自らの集団で必要とする以上に生産されて余剰生産物が生ずるようになると，各集団間に余剰生産物の交換が行われるようになる。そして，初めから交換を目的として生産された生産物である商品の生産が，

より多く行われるようになるほど交換は活発になる。しかし物々交換では,手放したい財と必要とする財が交換当事者の双方で一致しなければならない(米を手放して塩を欲する者と,塩を手放して米を欲する者が出会う必要がある)。そのような障害は,貨幣を媒介とする交換の出現で打破することができる(貨幣は誰でもが価値を認めるものであるから,米を手放して貨幣を入手し,その貨幣と塩とを交換する)。こうして,交換は財と貨幣の交換という売買の形式をとるようになり,売手の販売と買手の購買という1組の行為が行われることとなった。

そのための手段となる貨幣は,穀物や布・毛布といった物品貨幣から金属貨幣,それも不定形のものから一定の形状をなす鋳造貨幣となり,さらには紙幣が出現するようになった。また現金を用いないで交換のための支払いをする手段として手形や小切手が用いられてきたが,今日ではカードを用いる支払いのシステムが活用されており,さらに電子情報が貨幣の役割を果たす電子マネーが登場してきた。電子マネーは,集積回路(IC)が組み込まれたカードに貨幣を移して,財布に入った現金と同じように使う場合と,コンピュータのネットワークを利用して支払う場合がある。

⌘ 市　　場

交換の当事者である買手と売手の間で商品である財が売買されるが,買手の需要と売手の供給が出合う場を市場(しじょう)という。交換が成立する場合には,交換の比率である価格が決定されていなけ

◇ **電子手形**　企業間では手形が多く用いられたが,印紙代が必要で,偽造や盗難も発生し,利用が減少した。そのため割引による早期の現金化ができなくなった。電子記録債権法が成立し,電子債権記録機関を用いて,印紙代不要,正確,迅速に紙の手形に代えて売買がなされる。

ればならない。市場には,価格が適用される地理的範囲と時間が付随しており,その地理的範囲を越えるとその価格は適用されず,その時間が過ぎると新たな価格が決定される。

需要と供給が,ある具体的な場所(例えば東京工業品取引所)で出合って価格が決定されることもある。一方,そのような特定の場所をもたずに個々の取引が別々の場所で行われながらその情報が伝達されて,需要全体と供給全体があたかも1カ所に集まったかのように影響しあって価格が決定される場合もある。これらは「具体的市場」と「抽象的市場」とに区別されている。

市場の地理的範囲は,消費者が買手として参加する場合,とくに徒歩で高頻度に買物に出かけるような文脈では,狭い範囲に限られてしまうが,企業間で大量に金属や石油などが取引される場合には全世界に及んでいる。

また,市場に参加する買手ないし売手の数が,1人ないし少数の場合と多数の場合がある。1人ないし少数の場合,つまり独占と寡占の場合には,交換の条件をより有利に一方的に決定することができるが,買手も売手も多数の場合には,個別の参加者は市場での決定を受け入れるにとどまる。

なお,市場という語によって需要のみを意味する場合がある。若者市場とか海外市場というのは,その例である。

⌘ 売買契約

交換の当事者間の交渉については第4章でふれるが,交渉が妥

結すると売買契約として法的な性格をもつ。売買契約は，当事者の約束ないし意思表示の合致のみがあれば成立する契約（これを諾成契約という）であり，また，当事者の一方である売手が財についての権利を相手方である買手に移転し，買手は売手に代金の支払いを約束するという当事者双方に義務をともなう双務契約である。売買契約の主要な内容はつぎのようなものである。

① 品　質　売買の対象である財がどのような財であるかを決定するのには，いくつかの方法がある。基本的，伝統的方法は，現物を検分して特定の財を指定する方法であり，消費者が小売店の店頭で行っている方法である。しかし大量生産が行われ，規格化，標準化が行われてくると多様な方法がとられる。それには，見本による方法（見本と同一，あるいは，きわめて類似の商品が存在することを前提としている），仕様書・銘柄・規格による方法（対象とする財の特性を記述した説明書やカタログあるいはJIS〔日本工業規格〕やJAS〔日本農林規格〕のような規格等により行う），標準品による方法（あらかじめ定めた基準により対象の財，例えば綿花や小麦，を厳密に格付けする。1級品，2級品といった格付けの間の価格差をあらかじめ定めておけば，標準品の価格が決まると同時に各級の財の価格が決定される）などがある。

② 数　量　個数，または重量や容積などによって取り決める。包装や容器の重量などについても決めておかなければならない。

③ 単　　価　　単価の決定においては，運送等の費用と割引に注意しなければならない。前者についてみると，売手の工場や倉庫で引き渡す現場渡価格，買手の指定する場所まで売手が負担する持込価格の区別がある。さらに，遠隔地まで輸送しなければならない場合には，貨車渡価格（貨車に積み込むまでの費用を含む），本船渡価格（船積港で積み込むまでの費用を含む，FOB〔free on board〕価格），運賃保険料込価格（本船渡価格に到着港までの運賃と保険料を加えたもの，CIF〔cost, insurance and freight〕価格）などがある。

割引には，数量割引と現金割引がある。数量割引は，大量に売買すると費用が節減できる場合にその分を買手に戻すものである。販売数量により決定するのが適切であるが，販売金額による場合もある。現金割引は，支払いを現金で行わないで後払いにすることを原則とした場合に，期日前に現金で支払う分について金利に相当する分を割り引くことである。

④ 引　渡　し　　売手は買手に財を引き渡す義務があるので，引渡しの場所（③にふれてあるが，国内の取引では買手の事業所が基準である）と引渡しの期日を定めなければならない。引渡期日には，即時渡し（契約の成立時），近日渡し（契約してから数日後），延渡し（あらかじめ定めた定期渡し，船舶などの到着時である着渡し，農作物の収穫後渡しなど）などの区別がある。なお，買手が受け取った財を検査し，契約に適合しているものを売買契約の目的物として受領する，という過程を踏むのが通常であ

るから，検査終了と同時に引渡しが完了したことになる。

また，売手に責任のある理由によって契約の目的物が引渡しできないときは，買手は契約を解除することができるほか，損害賠償を請求することもできる。売手に責任のない理由，とくに不可抗力によるときは，売手は免責され，引渡し不能となった部分については契約が消滅する。

⑤ **代金の支払い**　基準となるのは現金払いである。継続して売買が行われる場合に毎月特定日に締め切り，1カ月分をまとめて特定日に支払う（例えば毎月20日締切，翌月5日支払い）ことも行われる。また，代金の一部の前払いとして，内金を支払う場合もある。同様に，前払いするものに解約手付があるが，これは一種の保証金で，買手が解約すれば売手はこれを没収することができる。売手が解約する場合には，これを2倍にして買手に返さなければならない。

支払いの方法としては，現金を手渡す以外に，金融機関の売手の口座に振り込まれたり，小切手が用いられたりする。さらに，現金化するのが一定期間先になる手形による支払いもある。これらに関しては，流通金融の項で学ぶ。

⑥ **所有権と危険負担の移転**　買手の検査が終わり，財の引渡しがなされたときに所有権が移転する，とするのが標準的である。ただし代金の支払いが手形でなされた場合には，手形の決済が完了するまでは所有権は移転しないものとされる。したがって手形が不渡りとなった場合には，契約を解除して売手は目的の財を取

り戻すことができる。また，財の引渡しまでは財に生じた損害は売手の負担となる（買手に責任がある場合を除く）のが標準的だが，特約とすることもできる。

　なお，卸売業者が売手で，小売業者（百貨店など）が買手の場合に，売買契約による買取仕入れでない場合がある。委託仕入れは，返品条件付き買取仕入れとも呼ばれ，通常の買取仕入れと同様に所有権は売手から買手に移転するものの，ある条件の下で（例えば一定期間の後に）買手の返品を認める仕入れ形態である。消化仕入れ（売上仕入れ）の場合は，買手が顧客に販売した分だけ仕入れたことになるので，所有権は，顧客が購入した瞬間に売手から買手に，そして買手の顧客に移ることになる。

　また，季節商品のような場合には，売手が買手に販売を委託して手数料を支払う委託販売と呼ぶ取引も存在している。買取仕入れでは，卸売業者へ返品できなくなっており，できるとすれば売手に責任がある場合であって，注文した財と異なった財であるとき，約束の期日より遅れたとき，財に汚損，き損などの瑕疵（きず）があるときである。しかし買取仕入れであって，しかも見込み違いのような買手に責任がある理由であるにもかかわらず，返品が行われている場合があるが，それは不公正な取引方法として独占禁止法の規制の対象になることもある。

　委託仕入れや消化仕入れが行われる理由には，小売業者にとっては，新製品で販売予測が不明であったり，生鮮食品や流行品であって売残りの危険を発生させたくないことがある。他方，卸売

◇ 売買契約書(売主作成の例)

AOYAMA TRADING CO., LTD.
4-25 Shibuya 4-chome
Shibuya-ku, TOKYO
150 JAPAN

Telex: J23210
Cable Address: AOTRADE TOKYO
Phones: (03) 3409-8111, 8222

SALES CONTRACT

AOYAMA TRADING CO., LTD., Tokyo, as Seller, confirms having sold to the Buyer named below the following goods by contract of sale made on the date below and on the terms and conditions SET FORTH HEREUNDER AND ON THE REVERSE SIDE HEREOF. ①

MESSRS. *John Smith & Co., Inc.* ② *815 Second Avenue* *Seattle, WA 98105* *U. S. A.*	CONTRACT DATE *October 16, 19 −*	CONTRACT NO. *358*
	BUYER'S REFERENCE NO.	

QUANTITY	COMMODITY & OTHER SPECIFICATION	UNIT PRICE	AMOUNT
③	*Galvanized Wire Netting* ④ *galvanized after weaving*	*per roll* ⑤ *on C. I. F.*	⑥
200 rolls	*ASWG No.23 × $ 4 mesh 36*	*US $ 16.50*	*US $ 3,300.00*
300 "	*" 27 × $ 8 " "*	*16.00*	*4,800.00*
			8,100.00

SHIPMENT: ⑦
Time of Shipment *During November, 19 −*
Port of Loading *Japanese port*
Port of Destination *Seattle, WA, USA*

Transshipment ~~permitted~~/
not permitted
Part shipments ~~permitted~~/
not permitted

PACKING: *each roll wrapped in brown paper,*
⑧ *2 or 4 rolls in a wooden case*

MARKING: ⑫

PAYMENT: *By a documentary bill of exchange at sight*
⑨ *under an irrevocable letter of credit*
The letter of credit shall bear this contract's number as reference.

INSURANCE: To be covered by ~~Buyer~~/Seller
⑩ Insured Amount
US $ 9,000.00
Condition
W. A. including War & S. R. C. C.
INSPECTION: *By J. M. I.* ⑪ *risks*
OTHER TERMS & CONDITIONS:

ACCEPTED on ....19.. : AOYAMA TRADING CO., LTD.
By:
/Signed/
(Buyer) (Seller)

Please sign and return one copy.

SEE TERMS AND CONDITIONS ON REVERSE SIDE

(出所) 羽田三郎『最新ビジネス・イングリッシュ』有斐閣, 1982年。

業者にとっては、小売業者の店舗に商品を展示する機会を確保したいこと、また消費者の商品選択についての情報を直接に入手できたり、消費者に直接的に商品を推奨する機会になることを考慮して、あえて返品を可能にする契約を結ぶこともある。

⑦　その他　売手から買手にリベートが支払われる場合がある。リベートは、販売し、代金回収が終わってから、利益の一部を還付する（割り戻す）というのが基本的な性格である。元来リベートは謝礼の意味をもち、売手の販売を促進する効果を期待する。しかし、基準が多様で公表されておらず、受領するまでは不明確であるなど、支払う側にも受け取る側にも問題があることが指摘されている。また、別に契約の解除や紛争の処理などについても定める必要がある。

　以上のような売買契約の内容は、売買をするにあたっては明確にしておくべきである。日本では、企業間の売買でもまだ明文化された契約書を作らない場合が多いが、慣習的な売買を正常化するためにも明文化が勧められている。消費者が一方の当事者となる場合には、契約書を作成することは通常は行われないが、割賦販売などにおいては契約書を交換するので、詳細に検討する必要がある。しかも割賦販売の場合などは、一般に契約内容を細かに

◇　左の売買契約書の解説
　①「以下および裏面に記された諸条件」。裏面には詳細な一般取引条件が記されている。②買手の名と住所。③数量の単位。ここでは一巻き。④品名（針金を編み、めっきした網）と規格。⑤単価（CIFについては本文参照）。⑥金額。⑦船積み（船積み日、積出し港、到着港）（積替えと分割積みの可否）。⑧包装（巻いた網を包装紙に包み木箱に）。⑨支払い（取消不能の信用状を伴った一覧払いの荷為替手形による）。⑩保険（支払者と保険金額。保険の条件——戦争、ストライキ、暴動、騒乱の危険を含む単独海損担保）。⑪検査（専門検査機関による）。⑫荷印。

交渉せず,業者が作成した同一の契約内容に対して消費者が賛成ならばその条件で契約するという,付合(ふごう)契約の一種であるので,注意して行わなければならない。

⌘ 流通金融

金融とは資金の貸借であり,流通にともなう金融が流通金融である。しかし,生産ないし消費のための金融と流通のための金融の区別は,必ずしも明瞭ではない。それは,生産ないし消費のための財の売買に使用される資金の貸借が含まれているからである。

さて,財の引渡しと代金の現金による支払いが同時に行われれば,金融の必要はない。しかし,代金の後払いが可能であれば,現金の蓄積がなくとも購入することができるため,財の流通が促進される。そのためにはいくつかの方法がある。

① 掛売り・分割払い　支払いの期日を延期する方法である。継続して購入する場合に,一定期間(通常1カ月)の売買分を特定期日(締め日)に合算し,後日に一括して支払うのが掛売りである。反対に高額の商品を購入した場合に,月単位あるいは年単位に分割して支払う方法(月賦・年賦)も多用されている。

② 手形払い　約束手形を用いて支払うのが一般的である。約束手形は一定の金額を,一定の期日に,支払うことを約束する証券であり,法定の要件を備えなければならない。自由に譲渡できること,支払いの約束が守られない(不渡りになるという)場合には,振出人(発行した人)や裏書人(手形を所持したことを

裏面に記名した人）に請求する手続きが簡単なこと，金融機関で割り引いてもらえることなどの特徴がある。手形を割り引くとは，支払日前に金融機関に持参して支払日までの利子を差し引いた金額を受け取ることをいい，金融機関としては支払日まで手形の金額を貸し出し，利子を先に受領したことになる。

③　金融機関からの貸付　　財の買手が，購入する代金を金融機関から借り受けて売手に支払い，後日に買手が金融機関に返済する。なお，売手と金融機関があらかじめ提携関係にあって，買手には金融機関からの貸付が行われることを示して売り込む場合もある。

④　信用販売会社（信販）による立替払い　　売手と買手の間に売買契約が結ばれるが，買手は信販会社に立替えを委託し，購入後その立替金を信販会社に返済する。その返済は分割払いが普通である。

⑤　クレジット・カードによる支払い　　消費者がクレジット・カードを所持し，カードを呈示するだけで購入できるという便利さがあるので，急速に普及している。2015年3月には2億5890万枚のカードが発行されている（日本クレジット協会調査）。銀行系カードによる場合には，銀行から代金が売手に，手数料を差し引いて一括して支払われ，消費者の預金口座から1カ月の利用額が一括して銀行に振り替えられる。信販会社や中小小売業者のクレジット団体が発行したカードによるときは，消費者の代金支払いは分割して行われることが多い。さらに最近では，個別の大

規模な小売業者が自社（あるいは自社のグループ）で使用されるカードを発行することも多くなった。顧客に割賦販売の便宜を与えるとともに，自社への愛顧を固定的なものにしようとしている。

2 危険負担機能

　流通と危険負担を結びつけるのは，一見したところ困難かもしれない。しかし，住宅団地の自治会の役員をして，農協から産地直送で買った野菜が残ってしまい困っている人を想定したり，衣料品を長い時間かけて迷いながら選んだが，自宅に帰って着てみたら気に入らなかった，というような経験を思い出してみよう。

ꙮ 所有と危険負担

　所有権を移転することが流通の中心的な機能であることはすでに学んだが，所有権をもつことと表裏一体の関係にあるのが危険負担である。所有するためにはその代金を支払わなければならない。その代金に使用される資金を用いて他の財やサービスを購入することも可能である。さらにその資金を使用しなければ利息を生むことができ，あるいは，借りて購入するのであれば利子を支払うのだから，その利子を支払わずにすむことになる。ある財を購入することそれ自身が，こうして危険を負担することになる。

　さらに購入時，購入後には，つぎのような危険をともなうこと

になる。

① 財の選択と購入条件に関する危険　購入を決定した財が入手可能な財のうち最もよく購入目的を達成するかどうか（よりおいしいものがあるのに，よりよく似合う服があるのに，そうでないものを買ってしまう），購入を決定するときに財の欠点を見落としていないか（時には売手の不正で欠点を隠すことがある），そして購入条件が最も望ましいか（別の店では，同質の財がより安いとか，無料修理が保証されているとか，割賦販売の利子が低いといった好条件であるかもしれない）というような危険がある。

② 購入後の経済条件の変動にともなう危険　とくに原料を購入して製品を販売する場合や，商品を仕入れて販売するような場合に，製品を販売する時点，あるいは商品を販売する時点での価格が，原料購入時点や商品仕入れ時点で想定したよりも下落してしまうと，損失を招くことになる。景気変動，需要動向，あるいは天候などによって市場価格（相場(そうば)）は変動する。また，競争商品の出現や，流行の変化などによって，手持ちの商品がまだ使用できるのに，相対的に機能が劣ったものになったり，流行後れになったりして，陳腐(ちんぷ)化する場合もある。同様に，販売量が予想を下回って，売残りの在庫が発生する危険もある。

③ 物的損失による危険　所有権を得た財が流通し所有する間に，火災，地震，風水害などの天災，船・貨車・トラックなどの事故，高温・高湿による変質などにより価値が減殺(げんさい)される場合がある。

⌘ 危険への対応

　流通危険のうちには，共同で分担する場合があり，保険制度が成立している。保険制度で対応できるのは，主として物的損失による危険であり，海上保険，火災保険などが古くから行われている。保険の制度は，危険の発生する確率をもとに算出した保険料を集め，危険の発生した人に支払ってその損失を償うものである。

　相場の変動による危険の一部は，商品取引所で先物取引がなされている商品に限って，掛繋(かけつなぎ)取引（ヘッジング）を通じて回避される。相場の変動による利益を得ず，損失も被らないようにする方法である。取引される商品（上場商品）は変化しており，2013年10月現在では，金，白金，銀，パラジウム，アルミニウム，原油，ガソリン，灯油，大豆，小豆，とうもろこし，粗糖等である。商品取引所では現物取引と先物取引が行われる。先物取引では，特定の商品を，将来の一定の期日に，現在の時点で約束した価格で，売買する。

　これらの手段で対応できる危険は一部分のみであり，売買参加者には危険が残る。各方面の情報を収集し，分析して，変動を予想し，危険の負担を軽減するような努力がなされている。そのような危険の発生を考慮に入れながらも，流通活動がなされることによって，流通は円滑化し，また，そこに利潤が正当化される根拠の1つがみられる。

　なお，ここでは買手にとっての危険負担を論じたが，同様に売

手にとっての危険負担も理解しなければならない。

📄 課　題

1) 物々交換に比して貨幣を用いる売買の利点を説明しなさい。
2) 新聞を利用して，1日の間の株式価格の変動（始値，高値，安値，終値）を確認し，また石油，金，大豆などの商品の価格（相場）がどのように変化しているかを調べなさい。
3) 数量割引と現金割引のそれぞれについて割引をする根拠を説明しなさい。
4) 生鮮食品についての専門知識をもった担当者を雇っていない百貨店が，その売場の仕入れを消化仕入れとする理由を推察しなさい。

◇ もう一歩考えてみよう： 掛繋取引（ヘッジング：hedging）
　一般的に，保持している金融資産や実物資産の価格変動の危険を回避するための方法をヘッジングという。ここではとくに，商品取引所における先物取引を活用して，実物の買入れと同時に先物を売り（売りつなぎ），または将来の時点で実物を売る契約をした者が，契約と同時に先物を買う（買いつなぎ）ことであり，前者のほうが多い。
　産地で買った商品が到着した時点で価格が下落して，損失を生ずることがある。その場合に，購入と同時に，商品が到着する時期の先物を売っておく。商品の到着時点で，その商品を下落した価格で買い，先物取引で約束した下落前の高い価格で売れば，利益が出る（商品取引所の決済では商品の授受を行わずに，売買の差の金額だけの決済を行えばよい）。こうして現物の値下がり損は先物の利益で補うことができる。反対に価格が上がった場合には先物で損をするが，現物の利益で補うことになる。同様に原料（例えば綿花）を買ったときに，製品の販売時期に合わせて，製品（綿糸）を先物で売ることによって，加工した企業（紡績会社）は事業利益を確保することができる。
　現物相場と先物相場がほぼ平行して変動するのでこの掛繋取引が行われるが，需要と供給の特殊な事情で，現物と先物，そして原料と製品の相場は必ずしも平行して動かないので，掛繋取引が完全に行えるとは限らない。この掛繋取引は世界各地の商品取引所によって世界的規模でも行われる。またすでに，江戸時代であった18世紀に大阪の米の取引で，先物取引を用いた掛繋取引が行われていた。

第3章

流通機能(2)
——財の流れに関する機能

⌘ 財の流れ

　流通フローは，所有権の流れ，財の流れ，情報の流れに分解することができる。ここでは，財の流れを取り上げる。財の流れは，**物流**または**物的流通**と呼ばれる。物流の活動は，輸送，保管，包装，荷役，流通加工から構成される。また，円滑な物流を生み出すためには，情報流による管理と統制，調整が不可欠となる。本章では，これらを総合的にとらえていく。

　物流は有形の財そのものを扱うため，財の生産過程と共通の要素をもち，機械・設備の投入やそれらによる自動化が進められ，効率性が追求されている。しかし，流通の役割の遂行のためには，

◇ 本章で学ぶこと
　生産と消費の地点が違い時点も違うという懸隔（隔たり）を架橋するためには，商品は輸送され，保管されなければならない。また，その過程で集められ，分割され，また新しい組合せがつくられる。

物流の単位量,頻度・規則性,品質の保持などに関し,工場内部の合理化のようにはいかない面がある。物流費用を減少させることは重要な課題であるが,消費者や産業用使用者の要請とどのように調和させるかが問題となる。最終消費者が知覚する流通サービス水準（流通産出）と物流費用は,しばしばトレードオフの関係にある。

⌘ 輸　　送

　財を異なった地点間で移動する活動が輸送である。経済発展にともなう社会的分業の深まりによって,生産と消費の空間的懸隔はますます拡大し,輸送の必要は増大する。その一方で,「地産地消」にみられるように,生産と消費の空間的隔たりを縮小するための工夫もなされている。しかし,それには限度がある。輸送の役割を認識したうえで,輸送の利便性・安全性・正確性に対応する輸送費用や輸送時間が考慮されなければならない。さらに,道路の混雑や公害の発生などにも配慮する必要がある。

　輸送手段には,つぎのような種類がある。

(1) 陸 上 輸 送

① 鉄 道 輸 送　　鉄道は,長きにわたって日本の陸上輸送の根幹をなしてきたが,次第に地位を低下させている。安全性・正確性が高く,大量・遠距離輸送の手段として経済的であるが,鉄道網がカバーすることのできる地理的範囲には限りがあり,末端でトラックに積み替える必要が多く,貨車の入替作業などで時間

を要するなど,柔軟性に欠けている。取扱駅を集約化したり,2地点間直通の定時運行を行ったりするなどの合理化が図られている。最近では,環境への配慮や輸送の対象となる商品の特性を踏まえ,鉄道輸送が再評価される傾向も生まれている。

② **自動車輸送** 自動車輸送は,戸別配送の利便性を生かして,都市内・都市間輸送を分担してきた。さらに,高速道路網を中心とした道路の整備,車輌性能の向上と大型化にともない,遠距離輸送にも自動車が活用されるようになった。冷凍用,冷蔵用,多温度帯対応用,液体用など各種の特殊車輌の開発は,自動車輸送の増加に拍車をかけた。しかし,都市内道路を主とした道路の混雑は自動車輸送によってもたらされ,効率性を阻害する。また高速道路の事故防止のための速度規制や排気による大気汚染抑制から,鉄道や海運への転換がうながされるケースも一部でみられている。

③ **パイプライン** 原油・石油製品・天然ガスを中心に,液体・気体を安全に低コストで輸送するために用いられる。

(2) **水上輸送**

船舶による輸送は,日本のような島国では貿易のために不可欠であるが,国内の沿岸輸送(内航海運という)も古くから活用されている。河川を利用した輸送は,道路の発達とともに比重が低下している。船舶による輸送は,低コストでの大量・長距離の輸送を可能にするという特徴がある。船舶の大型化と各種の専用船(石油タンカー,鉱石専用船,自動車専用船など)の出現によっ

て，船舶輸送の長所がいっそう発揮されるようになった。また，近年では自動車輸送の柔軟性と水上輸送の低コストの大規模輸送能力を組み合わせる例にみられるような，複合一貫輸送方式（multimodal transportation）が採用される場合も目立っている。

(3) 航空輸送

航空機による輸送は，貨物輸送全体に占める割合は小さいものの，長期的に拡大傾向にある。航空輸送の最も大きな特徴は迅速性にあるが，安全性や商品保護の面でも優れている。費用が高く輸送規模が小さいという点が大きな制約となる。ただし，航空輸送を活用することで迅速な輸送が可能となるため，在庫保有の必要性が低下し，在庫費用が減少する。また，財の損傷も少ないので，包装の簡易化が促される。軽く，小さいが比較的単価の高い，例えばコンピュータや電子機器に用いる精密部品，コンタクト・レンズなどの製品が増加していることも，航空輸送の活用を促している。航空輸送を前提として，空港に近接した臨空工業地帯や保税型の物流センターなどの形成が顕著になってきている。

以上，個別の輸送手段の特徴について検討を行ってきたが，今後それぞれの長所を生かしてさらなる総合化が推進されることが期待される。工場の専用引込線（鉄道），臨海工場の専用岸壁，あるいはパイプラインなどの場合を除いて，鉄道や船舶，航空機による輸送は，必ず両端で自動車輸送との接点をもつ。鉄道と船舶の場合も同様である。自動車輸送においても，長距離を走る大

型トラックと都市配送を担当する小型トラックとの積替拠点が必要となる。パレットやコンテナなどの包装用具と、クレーンやコンベアなどの機器類を連携させた形での、一貫輸送体制も採用されている。また、自動車を貨物ごと船に載せるカーフェリーが活用されているが、自動車の荷台部分あるいは自動車全体を特殊な貨車に載せ、貨物列車で何台も一度に運行する、ピギーバックも実用化されたが、日本の国土においてはその有効性が発揮されることはなかった。

　さて、戦後期からの国内貨物輸送量と輸送手段別の輸送状況の変化についてみてみよう（表3-1参照）。貨物の輸送量を示す単位の1つが「トンキロ」である。この単位は重量（トン）×距離（キロメートル）によって算出されるものである。トンキロ、トン数のいずれからみても、高度経済成長期以降、増加傾向を辿ってきたが、2000年代になると貨物輸送量の減少が顕著になっている。経済の成熟化、サービス経済化、さらには製品のデジタル化（無形／無体化）といった現象が、輸送量の変化に反映されている。国内の貨物輸送量を手段別にみると、大きな変化があった。1950年代にトンキロで最大の比率を占めたのは鉄道で、その大部分は日本国有鉄道（国鉄、現JR貨物）によるものであった。その後の経済成長の過程で、鉄道輸送は比率はもとより、絶対量のうえでも低下した（近年では、低公害で時間も正確なことなどの理由から、再評価されている）。鉄道に代わって内航海運の重要性が高まったが、自動車の利用がこれと並行して増加した。や

がて，自動車はトンキロによる輸送量で内航海運を超え，最大の輸送手段であり続けている。航空は1950年代から貨物輸送の手段として用いられるようになった。輸送量全体に占める割合は小さいが，製品特性によってはとくに有効性を発揮する。

　この輸送量を重量（トン）だけでみると，自動車が9割以上を占めており，近距離では自動車がより利用されている。自動車に

◇ 表3-1　輸送手段別にみた貨物輸送量

	年度	計	自動車	鉄道	うちJR	内航海運	国内航空
国内貨物輸送トンキロ（億トンキロ）	1950	621	54	312	307	255	
	1960	1,383	208	539	530	636	0.06
	1970	3,502	1,359	630	620	1,512	0.74
	1980	4,388	1,789	374	367	2,222	2.90
	1990	5,468	2,742	272	267	2,445	7.99
	1995	5,590	2,946	251	247	2,383	9.24
	2000	5,780	3,131	221	219	2,417	10.75
	2005	5,704	3,350	228	226	2,116	10.75
	2010	4,474	2,462	204		1,799	9.71
	2014	4,151	2,100	210		1,831	9.60
2014年度トンキロ構成比		100.00	50.59	5.07	—	44.11	0.23
国内貨物輸送トン数（百万トン）	1950	490	309	132	120	49	
	1960	1,525	1,156	230	187	139	0.009
	1970	5,253	4,626	250	193	377	0.116
	1980	5,981	5,318	163	118	500	0.329
	1990	6,776	6,114	87	58	575	0.874
	1995	6,643	6,017	77	51	549	0.960
	2000	6,371	5,774	59	40	537	1.103
	2005	5,446	4,966	52	37	426	1.082
	2010	4,949	4,538	44		367	0.941
	2014	4,730	4,316	43		369	0.929
2014年度トン構成比		100.00	91.25	0.92	—	7.81	0.020

（出所）　国土交通省「自動車輸送統計・自動車燃料消費量統計年報」，「鉄道輸送統計年報」，「航空輸送統計調査年報」，「内航船舶輸送統計調査年報」，『陸運統計要覧』各年をもとに作成。

よる輸送は，運送事業者が保有し，他者から委託された貨物を有償で輸送する営業用トラックによるものと，自分の貨物の輸送を行う自家用トラックによるものに大別される。車輌数からみると自家用トラックが8割以上を占めているが，輸送量ではトンキロの85%以上，トン数の70%弱を営業用トラックが担っている。輸送効率の高い営業用トラックへの転換が進んでいるということである。

　一方，国際分業が進展する現在では，国際物流にともなう海上輸送や航空輸送の仕組みも大きく発展している。貿易においては，輸送や保管など物流上の課題だけでなく，資金流に関わる活動（銀行など）や流通危険に関する活動（損害保険会社など）などと連携することが不可欠である。海運貨物取扱業者と呼ばれる機関が，輸出入業務に必要な書類の手配を行い，国際輸送を担当する。日本国内では，国際海上輸送の中継点としての大規模港湾の開発が行われている。国際物流では，航空輸送の分野においても，急速な発展がみられている。企業の事業活動の国際化にともなって，書類や小口貨物輸送の需要が高まっていることから，多数の荷主から小口貨物を集荷し，大口の混載貨物を形成する役割を果たす**フォワーダー**（freight forwarder）の重要性が増加している。また宅配便の領域でも，国内だけでなく，国境を越えた緊急輸送サービスに対応するために，**インテグレーター**（integrator）と呼ばれる国際宅配業者の活動規模の拡大が顕著である。

⌘ 保　管

　生産の時点と消費の時点の懸隔を架橋するのが保管機能である。

　保管の必要性は，生産の時期が集中していたり，消費の時期が集中したりしているために生じるということはすでに学んだ。さらにここで考慮すべきことは，今日の財の生産の大部分が注文生産ではないということである。受注後に生産を開始し，完成した製品を引き渡せば，保管の必要はない。しかし，需要予測に基づいた見込み生産のもとでは，生産，卸売，小売といった各段階において保管が行われることで，消費者が欲するときに財を便利な条件ですぐに入手することが可能になる。消費者にとっては，財が即座に手に入ることは望ましいことであるが，保管する業者にとっては，それが販売できるかどうかは不確実であり，売残りによるリスクなど，流通危険を生じさせる。また在庫量を，品切れを起こさない程度に最少にするには，多頻度小ロットの輸送が必要になり，輸送費用などの問題が発生する。

　財の保管場所は，一般に**倉庫**と呼ばれる。倉庫は，貯蔵倉庫と流通倉庫に分類される。**貯蔵倉庫**は，必要とする期間，財を保管する。財の品質の保全，盗難の予防など，保管場所として必要な配慮がなされているとともに，財の入出庫のための荷役施設が設置されている。通常の条件以外に，低湿度（乾繭や紙製品など），低温（医薬品，化学製品，米・麦など），冷蔵・冷凍（生鮮食品，冷凍食品など）など特殊な保管条件を満たすための設備をもつ倉

庫がある。

　貯蔵倉庫とは対照的に，**流通倉庫**においては，入荷商品の検収・検品，包装や流通加工，出荷先別の仕分けと品揃え形成といった保管以外の活動に主眼が置かれている。流通倉庫は，流通工場とでもいうべきものであり，物流関連技術の機械化・自動化や情報化，さらには取引全体のシステムとそれらを支援するインフラの標準化の進展などを活用しながら，より効率的に優れた流通サービスを産出することを目指している。日本のチェーンストアの成長と発展プロセスにおいては，卸売業者が流通倉庫（一般に**物流センター**と呼ばれる）を基点とする物流体制を整備し，小売業者の要請に柔軟に対応することで，重要な役割を果たしてきている。

⌘ 包　　装

　工業製品は，製造工程を終えると包装される。財の品質や形状，重量などによって包装は多様である。包装の目的は，①商品を保護すること（衝撃，湿度，温度，光，害虫などから財を保護する），②取扱いを容易にすること（人手による取扱いや機械による操作が容易であり，積み重ねることができ，また規格化されたコンテナやトラックの荷台などにきちんと収納されるような寸法・形状にまとめあげる），③商品価値を高めること（包装の表面に施された文字，図柄，色彩などによるデザインによって，財についての情報を伝えるとともに好感を与え，内部の財をより価

値のあるものであると受容させる）などである。

　これらの目的のうち，③の目的を達成するのは小売店の店頭で消費者の目にふれる場合が主である。**個装**と呼ばれる個々の財に施した包装では③がとくに必要となるが，個装でも他の目的を同時に考慮しなければならない。個装を施した財は，物流のためにさらに包装される。物流のための包装は，**外装**と**内装**に分けられる。外装は最も外側に施される包装であり，箱，袋，缶などの容器に入れ，記号，荷印や物流用のバーコードなどが付けられたものである。内装は外装と個装の中間にあって，内容物を保護するための詰物類，防湿材料などを意味している。これら内装，外装の目的は，①と②であるが，最近では外装の外観にも留意して，③の目的も考慮するようになった。

　包装材料にも大きな変化があり，かつて物流用に用いられた俵やむしろ，かます，竹かごなどは姿を消した。木箱も少なくなり，段ボール製品，プラスチック製品などが，金属製品とともに主流を占めるようになった。また，包装材料の形状の規格化が進み，大きな単位を均等に分割して小さな単位にしてあるため，隙間なく詰め込むことが可能になった。

　包装を省略する物流技術も現れた。セメントや小麦のばら積みはその顕著な例である。これは，船，トラック，貨車などに設置したタンクに直接，輸送対象を積載するものである。コンテナに個装のまま製品を積み込む場合にも，物流用の包装が省略される。包装が簡易化・省略化されたり，製品そのものの形態が変化した

りすることで，商品の物流のあり方への影響が生じることがある。例えば，牛乳のパッケージが牛乳びんから軽量の紙パックに代替されるようになったことで，空びん回収の必要がなくなり，宅配の重要性が低下した。書籍や音楽では，製品のデジタル化が進んでいる。従来は製品の保護や荷扱いのために包装の役割が不可欠であったが，デジタル化により物流が情報流と融合する形になったため，物理的な包装は不要となった。

⌘ 荷　役

　工場，倉庫，港などで財を積み込み，積み下ろし，積み換える作業が荷役である。コンテナやパレットの利用は，それらを取り扱う機器の開発とともに荷役を迅速にし，しかも破損を少なくする。パレットは規格化された板状の荷台であって，フォークリフトのフォークが挿入できるようになっている。一度パレットに積

◇ 各種のパレット
- ■プラスチック・パレット
- ■アルミ・パレット，木製パレット
- ■プラスチック・ボックス
- ■ボックス・パレット
- ■カゴ車，6輪台車

（出所）　コマツの製品カタログ。

んだ荷物は,分荷の必要が生じるまで,パレットごと取り扱われる。荷下ろし後のパレットは繰り返し使用される。特殊なフォークリフトの開発によって,パレットの厚みをなくした段ボール製のシート・パレットも用いられるようになっている。このほかにも,輸送,保管する製品の特性に応じて,ボックス・パレット,ロール・ボックス・パレット,タンク・パレットなどがある。パレットの素材には木材だけでなく,金属や樹脂,紙などが用いられる。

標準規格のコンテナやパレットによって貨物を一定の単位にまとめ,輸送,保管,荷役,包装を一貫して行うことで,物流の起点から終点までの物流活動の連続性を生み出し,情報技術の活用との連携による効率化が図られている。この種の物流合理化の考え方は,**ユニット・ロード・システム**(unit load system)と呼ばれる。

⌘ 流通加工

商業者(商人)は,第三者が生産した財を購入して品揃えを形成し,種々の流通サービスの提供をともなってそれらを再販売することで利益を獲得する。その際に,商業者が財を加工したり,生産活動を行ったりすることはしない。こうした商業者に対する一般的な理解の立場からすると,流通段階で生産や加工が行われることは想像しにくい。

しかし,スーパーの魚売場に陳列されている鮮魚のアジをたた

き用に加工してもらう，衣料品専門店で試着したカジュアル・パンツの裾上げを店舗のバックルームで行ってもらう，ホームセンターの店頭でDIYに使用する木材をカットしてもらう，といった私たちの日常的な実体験を踏まえると，流通段階でも財の形状などに軽度の変化が加えられることがあることがわかる。こうした流通過程における軽度の生産や加工をともなう財の変換のことを流通加工と呼んでいる。輸送，保管，包装，荷役と並んで，物流活動を構成する要素の1つである。

財に物理的・化学的変化を生じさせて，新しい財に変換する。つまり，形態効用が生み出されるのは生産の過程ある。デニム製のパンツの例をとって考えてみよう。綿花の生産→原綿の流通→原綿の紡績と染色・織布→デニム生地の流通→デニム・パンツの生産→デニム・パンツの流通→デニム・パンツの消費，といったように，原材料から最終製品の消費にいたるまでに，財の生産（物的生産）活動と流通活動が多段階に連鎖している。デニム・パンツの例でみれば，これだけでなく，ジッパーやボタン，ステッチ用の糸などの生産と流通もこの連鎖に関わっているので，実際にはより複雑な連鎖になる。このような連鎖に含まれる流通活動の各段階では，検針作業や値札・タグ付け，あるいは小売店頭での裾上げ作業，返品された商品の物流センターでの洗濯・プレス・再包装など，流通業者の商品取扱い上の利便性や最終消費者の要望に応じるために，さまざまな流通加工が行われている。

流通加工が行われる理由の1つとして，最終需要の多様性によ

り効果的・効率的に対応するために製品形態や投入数量に関する意思決定を延期することが挙げられる。上記の鮮魚の店頭加工やパンツの裾上げなどは，その典型的な例である。また，家具などの嵩高品では，組立を行わない状態で商品の輸送や販売を行って，物流費用の合理化を図るケースがある。これは，ノックダウン（knockdown）方式と呼ばれている。

また，ここで取り上げたデニム・パンツの事例にも一部該当するが，生産が比較的小規模で多段階性に特徴づけられる場合に，一般に流通加工が行われやすい。

課　題

1) 過剰包装が問題とされるが，生産者の包装と小売業者の包装に分けて，包装の必要性について検討してみよう。
2) ユニット・ロード・システムがもたらすと考えられる物流活動上の効果について，いくつかの視点から考えてみよう。また，ユニット・ロード・システムの導入によって生じうる問題とは何か。
3) 輸送手段のそれぞれの特徴を比較してみよう。
4) 流通の過程では，どうしてもある期間，財を保管しなければならない場合が多いが，生産・消費に季節性がない消費財について，①保管はどのような場合に，どのような場所で，必要か，②保管にはどのような費用が必要か（保管場所の費用，その財のための資金の保管期間中の利子，保管期間中の財の損傷など），③保管期間を短縮するにはどうしたらよいか（輸送・情報伝達との関連，即時生産の可能性など，課題を後の章まで持ち越そう）。

5) 流通加工が行われる理由の1つは,財の形状の最終的決定を「延期」することである。その反対は,あらかじめ希望されるであろう形状を予想して決定してしまう（「投機」する）ことである。両者を比較してみよう。
   * 小売店の店頭で,顧客の注文を聞いてから鮮魚を切り身にする場合と,集中してさばいて切り身を流通させる場合は,その両者の例である。

◇ もう一歩考えてみよう： 輸送と保管（多頻度・少量物流）

　小売店舗でも工場でも，販売する商品や使用する部品などが不足することは避けなければならない。不足を避けるためにはそれらの在庫量を増加させればよい。

　しかし，一方では，在庫すべき財の種類が増加しているとともに，短時間で変化している。それは消費者の欲求の多様化にともなって，商品の多品種・少量化がみられ，また商品のライフサイクルが短くなっているからである。消費者が商品の質，とくに鮮度に敏感になっていることも影響する。したがって，売残り品による損失は大きくなっている。他方では在庫には場所の費用と資金の費用が必要である。

　したがって店舗や工場では，必要な財を，必要な量だけ，必要な時に受領することを望み，発注から到着までの時間（リード・タイム）の短縮化を理想とする。あらかじめ確定的に決まっていないそれらの発注に対応するためには，納品する側では，リード・タイムを短く，多頻度に，1種類当たりは小口に，指定されたときに納品することになる。そのことは，場合によっては積載率の低い輸送をもたらし，道路の混雑に拍車をかけ，物流費用を増加させ，さらには大気汚染やエネルギーの浪費などをもたらす懸念を生じさせる。

第4章

流通機能(3)
──情報の伝達に関する機能

⌘ 情報伝達機能とその役割

　所有権の流れ（商品の社会的移転）と財の流れ（物流）については，第2章と第3章で学んだが，商流や物流，そして資金流に代表される流通フローの各要素が生成し，生産と消費の隔たりが適切に架橋されるためには，情報伝達機能がその他の流通機能と密接に連携して行われることが不可欠である。有形財の取引においては，情報そのものがその客体となることはないが，情報伝達活動が円滑に行われることによって，初めて所有権移転や物そのもの，あるいは資金の移動を生み出すための活動が可能となるか

> ◇ 本章で学ぶこと
> 　消費に関する情報をもとに企画され，商品は生産される。さらに，生産された商品についての情報を伝達して，消費の意欲を喚起する。それに対して，消費者から購入の意図が情報として伝達される。つまり，情報を伝達することは流通に不可欠の要素なのである。

らである。このことを,いくつかの例を通して確認してみよう。

商品の社会的移転をうながすための活動である取引は,一連のプロセスとしてとらえることができる。売手と買手の相互探索に始まり,両者の間の交渉を経て双方が合意に達すると契約の締結をみる。契約を通して合意された内容が履行されるとともに,それが契約通りに実行されているか否かを監視し,相互の評価が行われる。買手は財の購入に先立って,必要としている種類の財の売手についての情報を得て,どの売手が最も望ましい条件を満たすことができるかを知る必要がある。同様に,売手にとっても自らが生産する財を求める買手が,どこに,どの程度存在しているかについての情報を把握し,取引に関するさまざまな条件を提示することによって,買手との交渉を円滑に進め,合意に達することが不可欠である。

取引契約の履行過程としての物流においても,買手からの発注データの受信を受けて,買手に対する受注確認の伝達がなされ,商品在庫の数量や保管場所の検索が行われる。引当て可能時期が確定すると,出庫指示に基づいたピッキングを実施し,必要に応じて他の受注商品との組合せを行ったうえで,商品を出荷する。それと同時に,出荷情報が買手のもとに送られる。

このように,財の需要と供給,あるいは生産と消費に関する情報が,売手と買手との間で相互に伝達され,それを基礎として所有権の移転に関する機能が遂行されること,そして,新たに所有権を手にした(する)買手の希望に応じる形で物流活動が展開さ

れていることがわかる。流通機構（流通システム）を構成する機関の間で伝達・交換されたり，蓄積されたり，あるいは収集・分析されたりすることで，流通の働きを支援する役割を果たしているこの種の情報のことを**流通情報**と呼ぶ。

　流通情報には，双方向に伝達・交換されるものと，一方向による伝達が行われるものとがある。後者を代表するものとして，まず広告を挙げることができる。広告とは，媒体（メディア：media）を有償で使用して，不特定多数の対象に向けて製品やサービスに関する情報を伝達し，需要を喚起するための情報伝達活動である。広告については，生産者（メーカー）によるマーケティング活動について詳述する第7章において，販売促進活動の一環として学ぶことにする。その他の一方向による伝達が行われる流通情報は，売手が市場調査を実施して買手に関する情報を収集する場合や小売業者が店頭のレジで集めた**POS**（販売時点：point of sale）データを蓄積するといった状況でみられる。

　もっとも，この例でも，収集したPOSデータの自動解析の結果を踏まえて，買物客に対して即座にクーポンが発行されるといった対応が売手によって採用されている文脈では，双方向の情報伝達に転換する。また，従来は一方向に伝達される代表的な流通情報としてとらえられてきた広告についても，情報技術の進展が著しい現代においては，広告メッセージの受け手が広告刺激に対する反応を直接的・間接的に伝達することの可能な広告（インタラクティブ広告：interactive advertisement）の普及が進んでおり，

情報伝達の双方向化がみられるようになっている。このように，特定の流通情報が一方向によって伝達されるのか，あるいは双方向によるのかについては，明確な区分を設けることは難しいが，多くが双方向性を基本としているといって過言でない。

前述の取引プロセスにおける情報伝達の例をとっても，売手と買手の相互探索やその後の見込み取引相手間の情報提供，取引条件の交渉過程から契約締結による受発注情報の伝達と出荷・着荷情報の交換にいたるまでの流通情報が，双方向にやりとりされていることがわかるだろう。

⌘ 流通情報伝達のための基本的活動

ここで，流通情報の伝達（コミュニケーション：communication）を遂行するために不可欠な基本的活動について簡単に整理しておこう。多くの商品の流通経路においては買手が複数存在し，また取引の段階が複数みられることが一般的である。そのため，いかにして相対（あいたい）のコミュニケーションと同様の効果をあげることができるか否かが，商品の円滑な社会的移転にとってきわめて重要な課題となっている。

① 送り手による伝達内容の作成　　情報の送り手は，受け手に対して伝達したい内容をメッセージとして作成する。それは，時には広告のコピーにみられるような短いテキストやテレビ CM のジングル（jingle）であったり，1つのシンボルや1枚の図表であったりと，簡潔な形態をとることもある。それとは対照的に，

長文の説明や長時間を要する会話など，冗長な場合もある。これらいずれの場合をとっても，送り手が伝えようとするメッセージは，文字や文章，言語，音声，画像・映像，あるいは断続する電流などの記号に変換されたうえで，伝達の対象となることがわかる。

② 作成したメッセージの伝達　　送り手によって記号に変換されたメッセージは，媒体を通して，受け手に対して伝達される。媒体とは，送り手によって記号化されたメッセージをその受け手まで「運ぶ手段」(vehicles)のことであり，その役割を果たすものには，空気や印刷物，電波，インターネット，さらには公共交通の空間や車輛などが挙げられる。例えば，販売員が見込み顧客と対面して口頭で商品説明や購入の説得を行う場合には，発話された言葉として記号化された前者のメッセージが空気に振動を与えることによって，後者の耳に到達する。メッセージの内容を新聞や雑誌に印刷して読者に伝達する場合や，インターネットの検索エンジンの検索結果リストとあわせて広告メッセージが表示される場合には，それぞれ印刷媒体とインターネットが媒体となって記号化されたメッセージが伝達されていることがわかる。

③ 情報の受け取り　　受け手は，媒体を介して送られてきた記号を受け取り，それを解釈することでメッセージの内容を理解する。前述の販売員と見込み顧客の会話を例にとれば，前者が伝えた言葉を耳で聞き，解釈することでメッセージの内容が理解されるという流れになる。雑誌に掲載された文章であれば，テキス

トに目を通すことで読解が進む。ラッピング・バスなどの例では，車輛に描かれたシンボルや配置されたコピーなどの記号の解釈を通じて，メッセージの意味が受け手に伝達される。

ただし，送り手が意図した内容が，受け手によって正確に解釈され，伝達されるとは限らない。その理由として，まず，受け手が情報を受信しようという意思をもたない場合がある。説得を試みようとする販売員の言葉に対して，見込み顧客がまったく耳を傾けない。新聞は購読しているが，折込チラシはいつも読まずに捨ててしまう。テレビ番組はつけているが，スマートフォンで別のことをしながら観ているため，番組の内容に意識が向いていない。このような状況が該当する。

つぎに，媒体を介したメッセージの伝達過程において「ノイズ」(noise：雑音) が発生している場合である。販売員と見込み顧客との会話が賑やかな場所で行われているときに，周囲の騒音で言葉がかき消されてしまう。雑誌に汚損や落丁があり，解読が不可能である。パソコンやスマートフォンなどの故障や表示エラーによって，メッセージを受け取ることができない。以上のような状況が相当する。

さらには，受け手がメッセージの内容を理解することができなかったり，送られた記号を解釈するための技術や手段，知識，能力などを有していなかったりする場合もある。送り手が適切な言語を用いてメッセージを送った場合，記号としての言葉が受け手によって正確に再現されたとしても，受け手が言葉の意味を理解

することができなかったり，意味内容を誤解したりする場合もある。

　また，コミュニケーションの過程には，送り手が記号化して送ったメッセージを受け手が解釈する段階が含まれている。送り手によって記号化されたメッセージを解釈する際に受け手が用いる手がかりが多様であったり，受け手の個人的な文化的・社会的背景などを反映したものであったりすることで，送り手の意図が正確に伝わらないこともある。これによって，同様の記号化されたメッセージが伝達された場合でも，それによって引き起こされる受け手の反応が一様でなくなることがある。

⌘ 流通情報とその種類

　流通情報には，きわめて多様かつ複雑な要素が含まれているが，流通機能との関連を手がかりにすると，以下のように分類できる。

（1）取引情報（所有権の移転に関する情報）

　① 交渉情報　　特定の商品について，売手と買手が相互探索を行い，両者が交換の条件を交渉し，合意をみるために必要となる説得にともなう情報のことをいう。交渉の過程では，必ずしもこれらすべての活動が発生するわけではない。したがって，伝達される交渉情報が限定的な場合もある。例えば，正札販売が行われているときには，探索や説得を目的とした情報は存在するが，価格については表示されたもののみが有効であり，価格に関する交渉情報は発生しない。あるいは，買手が継続的に購買する商品

の場合，両者の間での探索は不要となるが，価格や物流条件などについての交渉情報が生成することもある。このように，交渉過程が限定的であり，交渉情報の生成と伝達が部分的にのみ行われる場合には，売手が提示した固定条件を買手が受諾するか否か，あるいは買手が提示したそれを売手が受諾するか否かによって，取引成立の有無が決定される。

② 受・発注情報　買手が商品の購入を決定すると，売手に対してその意思を伝える役割を果たす発注情報と売手がそれを受諾したことを示す受注情報が対になる形で，受・発注情報が交換される。小売業者と卸売業者やメーカーとの間での取引の一例からみてみよう。まず前者が発注予定のメッセージを送信し，その受領を受けて後者が引当て可能な在庫を確認したうえで，納品についての提案情報を返信する。これを前者が受諾した場合，商品リスト情報などを含む正式な発注データが売手に対して伝達される。

③ 所有権移転情報　売買契約が締結され，その履行を通じて所有権が移転したことを確認するための情報である。例えば，買手が指定する物流施設への配送が完了した時点で所有権が移転するという契約内容が成立している場合には，買手から売手に向けて発信される着荷確認が所有権移転情報の1つとなる。これに先駆けて，売手は梱包の種類や商品詳細データなどとあわせて出荷情報を買手に対して送信する。また，買手は契約で指定された方法による商品の受領を行う際，同時に検品を実施する。これを

経て買手から売手に対して受領確認データとその詳細が送られることになるが，納品内容に訂正があり，返品や交換が行われる際には，そのための情報が両者の間で取り交わされる。

④ 決済情報（代金の支払いに関する情報）　契約が成立し，履行されると，商品の所有権と商品そのものが売手から買手に移転するが，それとあわせて両者の間で代金の決済が行われる。買手による代金の支払い時期は，契約の内容によって異なるが，ここでは掛売りによる売買が行われることを前提にして，売手と買手の間で伝達される支払いに関する代表的な情報を挙げておく。①売掛金・買掛金に関する情報。②売手による買手への代金請求に関する情報。③買手による金融機関への出金（支払い）指示のための情報と，金融機関から売手に伝達される（指定口座などへの）入金情報。④買手による出金（支払い）と売手による入金（受領）確認のために伝達される情報。

(2) 物流に関する情報

取引のプロセスやその中における物流活動と，それを支援する流通情報の関連については，すでに本章の冒頭で学んだ。それらを踏まえると，物流に関する情報のうち，最も基本的なものは以下となる。

① 在庫情報　買手からの発注情報を受け取ると，売手は店頭や倉庫における在庫の在り高や新たに入荷する商品在庫の情報を確認し，買手の要求に沿って引当てすることが可能な在庫数量を確定し，買手への出荷提案を行う。買手がこれを承諾するこ

とで，発注内容が確定し，つぎの輸送に関する活動が着手される。

② 輸送情報　引当て可能な在庫について，買手から受注した内容に基づいて，売手が出荷指示を行う。このとき，受注商品が複数にわたる場合には，配送先ごとの品揃え形成活動や流通加工が実施されるが，これらの指示や管理についての情報も生成される。売手が輸送活動を他の機関に委託する場合には，輸送業者に対する輸送指示や着荷報告などの情報も伝達される。また，売手は出荷情報とその明細を事前に買手に対して送信し，買手は所定の受け取り場所での入荷を確認すると，受領情報を売手に返信するとともに入荷商品の検品を実施する。

(3) 販売促進に関する情報（販売促進情報）

流通の社会的な役割は，生産と消費との間に生じる空間や時間，情報，質・量と組合せ，価値，そして所有の隔たりを架橋することを通じて，財貨の需要と供給を適切に整合することである。社会的分業が高度化し，生産と消費の空間的・時間的隔たりがますます拡大する今日では，両者の間の情報の不確実性を低減することの重要性がさらに高まっている。この点において大きな役割を果たしているのが，広告をはじめとする種々な販売促進に関する情報伝達活動である。販売促進情報は，先述した取引情報のうちの売手から買手に対して伝達されるものと明確に区分することが難しい性格をもつが，つぎのようにとらえると，取引の過程における両者の基本的な位置づけを理解することができる。

買手が特定の売手やその商品ないしブランド（銘柄）について

の情報・知識をほとんど有していない場合に，その認知を高めるために伝達されるタイプの流通情報は，一般に販売促進情報として認識される。一方，買手の**想起集合**や**考慮集合**の中に特定の商品やブランドが含まれているときには，買手がその商品を購入する可能性は一定水準以上にあるといえる。そのような状況において売手が伝達する流通情報は，説得や交渉を目的とした，つまりは所有権の円滑な移転をうながすための取引情報であると位置づけることができる。

　本章では，後者のタイプの情報伝達活動に焦点を合わせている。前者として理解される販売促進情報については，別途，第7章「生産者と流通」において生産者（メーカー）によるマーケティング活動の基本枠組みを学ぶ際に，マーケティング・ミックスの要素の1つとしての販売促進活動として掘り下げていくことにしよう。

(4) 市場情報と市場調査

　市場情報とは，流通する商品の最終市場に関する情報のことである。市場情報には，前出の取引情報のうち，買手から売手に向かって伝達される情報と重複する部分がある。例えば，小売店舗で消費者がID付のポイントカードを提示して買物を行うとき，POSレジを通して，購入内容と購入者についての情報が小売業者に伝達される場合などがある。

　一方，そうしたケースとは異なる独自の経路を通じて伝達される市場情報も存在する。市場調査機関やコンサルティング会社，

さらにはマスコミなどによって調査が行われ，その結果が二次データ (secondary data) として生産者や商業者などに伝達される情報は，その代表的な例である。二次データとは，すでに他の目的のために収集・整理されたものを指す。一方，一次データ (primary data) とは，ある特定の目的のために新たに収集されるタイプの情報のことをいう。これらは，それぞれ一次資料および二次資料として置き換えることができる。

市場情報は，需要情報と競争情報に大別される。**需要情報**は，最終需要者による需要に関する時系列的な情報のことをいい，需要が発生する地域やその対象となる品目や品質，数量，時期，あるいはロットサイズなどに関連する。**競争情報**は，個々のブランド間の競争を中心とする情報であるが，各流通段階における**水平的競争**や**異形態間競争**などに関するものも含まれる。水平的競争とは，同一の流通段階に位置する機関の間に発生する競争を指す。異形態間競争は，水平的競争のうち，例えば小売段階において特定品目の販売をめぐってコンビニエンス・ストアの店舗と洋菓子の製造小売店が競争関係になるなど，異なる形態をとる機関による同一段階での競争のことをいう。

市場情報は，生産者や商業者が，その商品や流通サービスを需要者の欲求により適合させたり，期待を上回るものとして実現させたりするうえでも重要な役割を果たしている。小売業においては，市場情報は取引を円滑にするために活用されるだけでなく，小売商業が地域の生活や文化のインフラ (infrastructure) として

機能するために必要な要素の1つとなっている。

　消費部門から生産部門へと向かう流通情報は，おもに取引のプロセスを通じて伝達されるが，生産者や商業者が直接的・間接的に消費部門に関する情報を収集するさまざまな努力も払われている。調査目的に即した信頼度の高い二次データが存在すると判断された場合や，本格的な一次データによる調査に先駆けて探索的な情報収集を実施する場面では，すでに政府や地方公共団体，商工会議所や業界団体，あるいは市場調査機関やコンサルティング会社，マスコミなどが作成した既存資料が活用されることが多い。こうした二次データが整備されていなかったり，不完備であったりする状況では，一次データを取得するための調査が相応の費用と時間を投じて実施されることになる。この種の調査においては，おもにつぎのような方法が採用されるが，事前に予備調査を行うことで調査項目自体やそれらの測定手法などの妥当性を高める努力が払われている。

　① 質問法　　質問法（サーベイ：survey）は，あらかじめ調査票を準備しておき，それに沿って調査対象（被験者）に対する質問を行い，回答を得るものである。その実施については，個人面接法や（多人数の被験者を調査会場に集めて実施する）集団調査法，留置調査法，郵送法，そして電話調査法といった伝統的な手法が用いられてきた。留置調査法は，調査票を配布し，後日，調査員が記入済調査票を回収するという流れをとる。回収時に調査項目の回答漏れや誤記の加筆・修正が可能である点に特徴をも

つ。郵送法では，広範囲の対象者に向けた調査票の郵送が可能であり，回答済調査票の回収も郵送で行われる。調査員の介在が最小限であるため，調査費用の低減に貢献しうるが，一般に回収率が低下する傾向がある。電話調査法は，即時的な情報収集に有効な方法であるが，質問項目は短い質問に限定され，回答を拒否される可能性も大きい。電話調査員がコンピュータに取って代わられているケースも多く，調査協力の説得がより困難になっている点も指摘される。

　また，近年では，情報技術の進展により，郵送法などを代替する調査方法として，電子メール（e-mail）やインターネットを用いた質問票による調査が実施されることが顕著になっている。この場合も，調査のスピードや費用面での優位性が期待されるが，被験者のメール・アドレスの取得やインターネット調査機関が有する会員属性などに関する潜在的な問題の所在があり，適切な調査サンプルの確保が困難な場合もある。

　② 観察法　この方法は，観察対象者に気づかれないようにしながら，調査員が対象者の行動観察を行い，必要な情報を入手するものである。新製品に触れた際に消費者がみせる反応や小売店舗内での来店者の観察などはその代表的な例である。既存の製品の使用シーンの観察結果を活用する形での新製品開発もしばしば行われている。調査員が目視によって観察を実施し，その記録を作成する方法もあるが，ビデオカメラによる動画撮影や各種のセンサーを用いた観察データの記録が行われることも多い。

③ **実験法** 実験法による市場情報の収集では，実際の市場環境の一部を実験室に置き換えたり，実験室を仮想的な市場環境として設定したりすることを通じて，調査対象（被験者）に対する実験が実施され，その反応を観察することによって情報が記録される。特定地域における新製品のテスト販売とそこで収集されたデータの分析を踏まえた全国販売の計画策定への活用を図るといった場面や広告メッセージの有効性の測定を行う際，あるいは店頭の陳列や店舗内のレイアウト方法の検討を試みる際などに有効な手法である。

(5) その他の流通情報

ここまで，流通情報のうちの主要なカテゴリに属するものについて整理を行ってきたが，これら以外にも商品の流通のために直接的・間接的に作用する情報がある。そのうちの１つが，流通機構（流通システム）の構成員である各企業における**経営管理情報**である。経営管理情報には，売上高，売上原価，粗利益，販売・一般管理費，営業利益，売掛金・買掛金，現金など広範囲におよぶ財務管理のための情報をはじめ，商品の在り高や減損，加工，返品，棚卸資産の回転などに関する商品管理のための情報，さら

◇ 悉皆調査（全数調査）と標本調査

　調査を実施する際に，調査対象のすべてを調査することを悉皆調査あるいは全数調査という。例えば，経済センサスは，日本の各種産業分野の事業所について，その基礎情報と活動状況についての情報を収集・整理することを目的とした統計であるため，悉皆調査を実施することが不可欠である。悉皆調査の実施には，多大な費用と時間を要するため，全数の調査が不要と考えられる場合には，標本調査が行われる。標本の抽出（sampling）を理論的に行うことによって，その母集団についてある程度正確に推定することは可能である。消費者パネル調査では，特定の消費者が複数抽出され，その買物行動などについて継続的にデータを収集する手法も広く用いられている。

には人事や労務管理のための情報などが含まれ、企業の経営管理のために必要な多くの情報と関連したり、重複したりしている。流通活動にともなって発生した情報も、経営管理情報として組織に吸収されることで意思決定の基礎となり、その意思決定の結果が流通活動に影響を与えることになる。

　また、これら個別企業の経営管理情報が流通情報として、流通機構を構成する他の機関との間で共有されることを通じて、より効率的で効果的な流通のあり方を求めることができる。消費財は、原材料・部品の生産→原材料・部品の流通→最終製品のメーカーによる生産→最終製品の流通過程→消費者による購買と使用という経路を経て最終的に消費される。完全受注生産の例を除いては、消費者による商品の購入には不確実性がともなう。そのため、最終製品の生産を担当するメーカーは、見込み生産を行い、在庫を保有する。卸売業者や小売業者も在庫保有を行い、メーカーによる危険負担とあわせて、消費者による購入の不確実性への対処を図る。この不確実性が高い場合には、時に各流通段階における在庫不足を招き機会損失を生じさせることもあれば、過剰な在庫保有による在庫費用や処分費用による損失をもたらすこともある。

　小売店舗が適切な水準の商品を在庫し、消費者の購買動向にしたがって卸売段階ないし生産段階の在庫からの補給を行い、そこでの在庫の減少に応じた追加生産を実施することが実現できれば、より望ましい生産・流通の流れが形成される。その実現のためには、消費者による購入意思表示の伝達が、速やかに流通部門の各

段階と生産部門において共有され，迅速な在庫引当てと生産活動が行われる企業間関係，つまり情報流によって商流と物流が効率的・効果的に調整される体制を組み立てる必要がある。小売店頭の販売情報をPOSシステムに取り入れ，その情報を生産・流通に関連した各機関が情報技術を活用することは，その初期段階にあたる。

　情報化を活用した有効な消費者対応を目指す組織間関係づくりの取り組みは，大規模メーカーと大規模小売業者を中心に展開されてきたが，現在では情報化のさらなる進展のもと，多様な規模と業種・形態の企業による試みが顕著になっている。ただし，品揃えの特性や参加する機関の特徴などが多様であるため，一様な効果の実現が困難なだけでなく，効率化を通じて実現した利益の分配についての問題も生じている。不確実性の程度によっては，情報による調整だけでは対応の難しい場合も多い。

　こうした経営管理情報の組織間での活用を通じた情報の生成・蓄積・共有に加えて，2つ目に挙げられるのが，**サービス情報**である。この種の情報は，流通システムを構成する企業間ないし企業と消費者との間で伝達され，情報の受け手となる企業や消費者の意思決定を支援する性格をもつ。サービス情報には販売促進情報と重複する部分もあるが，サービス情報はより一般的な情報としての性格が強い。例えば，スーパーなど小売店舗で無償配布されている料理方法を掲載したカード（レシピカード）や，店舗の内装や陳列・照明に関するアドバイスなどが該当する。

さらに，個々の企業は，自らが遂行する流通活動と直接的・間接的に関連する事項について，政府機関や地方公共団体，あるいは所属する業界団体などからの公示や通達などを受けて報告や申告を行う。これらも流通に関する情報としてとらえることができる。

　このように流通情報の範囲は，多様な広がりをもつ。それら多様な情報は，個別に伝達される場合もあれば，いくつかの種類の情報が重複し，組み合わさって伝達されることもある点に注意する必要がある。とくに，情報技術の進展とともに，投入された1つの情報が本来想定された用途に加えて多目的に用いられるようになってきている。

⌘ 高度情報化と流通情報

　情報・コミュニケーション技術（ICT：information and communication technologies）の飛躍的な発展は，流通に関わる情報の伝達や交換，蓄積と処理・分析において大きな変化をもたらした。流通における買手への最も古典的な情報伝達の手段として用いられ，現在でも広く利用されているものが，現物の提示（実物展示）と口頭によるコミュニケーションである。また，距離を隔てた売手と買手との間の情報伝達には，文書，後に電信や電話が活用されることになった。流通情報の蓄積においても，文書は重要な役割を果たしていた。販売促進情報の一角をなす広告情報は，おもに印刷媒体や屋外広媒体を媒介して伝達されるところから発

展し，後にラジオやテレビといった電波を用いて伝達されるようになっていった。

このように，情報技術とそのインフラの発達によって，流通における情報伝達活動のあり方が変化し，その範囲も拡大することがわかる。とくに，電信・電話に始まり，今日のインターネットの普及と広範な活用にいたるICTの著しい発展過程では，伝統的な流通情報の伝達様式と比べたときに，以下に挙げる革新がみられた。

① **情報伝達の高速性**　システムに情報が投入されると，その情報が瞬時に伝達されることが可能となっている。

② **情報の大量性，豊富性**　大量の異質な情報が容易に伝達されるとともに，蓄積・処理される。

③ **記録性**　文字や図形，画像や音声など，形態を問わず容易に情報伝達を行うことができるとともに，それらの表示や印刷，蓄積も可能となっている。

④ **多重性**　投入された情報が，特定の目的だけでなく異なった多数の用途のために活用される傾向が高まる。

⑤ **同報性**　複数の受け手に対して，いっせいに同一情報を送信したり，類似性を共有する集団ごとに異なる内容のメッセ

◇ ビッグデータ

　情報伝達活動の①②の特性とそこで扱われる情報の性格については，その高度化とともに「ビッグデータ」（big data）という呼称で説明されることが多くなっている。この言葉は，現代における組織内・組織間双方の次元において情報の大量化，多様化，そして高速化の傾向が顕著に高まっている現象を指摘するものである。また，こうした性格をもつ情報が，多様な経路から伝達されるようになっている点にも着目する必要がある。顧客関係管理，組織内の事務文書，経営管理や業務管理，ウェブサイトやソーシャル・ネットワーキング・サービス（SNS）など，さまざまな経路から「ビッグデータ」が生成されている。

ージをいっせいに配信したりすることが可能である。

⑥ 双方向性　遠隔的に双方向の同期的な情報伝達を可能にした技術は電話に遡るが、ケーブルテレビやデジタル放送などのデータ送信機能、そしてインターネットに接続された各種の機器とそれらにインストールされた種々なアプリケーションなどを経由した、文字や音声、映像などの双方向の伝達が可能となった。

⑦ **自動交換性**　近年では、**EDI**（electronic data interchange：電子データ交換）とその標準化が進展しているため、より効果的・効率的な情報交換が行われるようになっている。そうした標準化が進む前の段階では、VAN（value added network：付加価値情報網）を通じて、異なる機種のコンピュータ間でも、交換機を経由して加入者同士の効率的な接続が行われていた。

⑧ **集中性・分散性**　大容量をもつ情報機器と広範囲にそれと接続された小規模の情報処理端末によって、大規模な情報伝達システムが構築されることで、情報の集中処理が可能となった。一方で、小型端末の性能向上によって、分散した領域における情報処理の質的・量的な改善が進み、またそれらがオンラインで接続されることで、さらに高度な情報処理・分析の能力が発揮されるようになった。

⑨ **入・出力の簡易化・迅速化**　情報の入力は、電話機やコンピュータのキーを用いた方法やバーコードやOCR（optical character recognition：光学的文字認識）値札、**ICタグ（非接触型電子タグ：RFID）**の機械による読み取りが利用されるものなどが

ある。画像識別技術の高度化によって，商品そのものをカメラで認識することで，その商品に付随する情報を入力することのできる技術も一部では用いられるようになっている。これらの方法によって記録されたデータは必要に応じて，コンピュータのディスプレイに表示されたり，印刷物としてプリントされたりする。あるいは，電子メールなど別の手段によって受け手に伝達される。

　流通機構を構成するさまざまな機関がそれぞれに与えられた役割を果たすことによって，適切に流通諸活動が行われ，その結果として流通フローが発生する。この社会的な仕組みは，多様な機能を遂行する多様な企業と消費者をネットワークのように結びついたものである。ICT分野の新技術の発展は，ネットワークの各所で採用されることでその領域における効果をもたらすばかりでなく，流通機構全体の変革をうながすのである。

⌘ 流通近代化，流通システム化の政策と流通情報化

(1) 流通近代化の課題

　日本の流通機構の伝統的特徴を説明する表現にはさまざまなものがあるが，そのうちの代表的なものは，「零細性」や「多数性」，「低生産性」，そして「低所得性」，さらには北米や北ヨーロッパ諸国と比較した場合の「流通経路の複雑性」である。日本においても1950年代終わりから60年代にかけてスーパーが台頭するなど，百貨店以外の形態をとる近代的小売企業の影響力が高まるよ

うになったが，全体的にみると一握りの近代的小売企業と大多数を占める小規模小売商との間に，生産性や企業規模，労働賃金などの面において大きな格差が生じる状況が生起した。こうした状態は，「二重構造」と呼ばれ，資本の自由化や流通業における労働力のひっ迫をもたらした。その一方で，少品種大量生産体制の確立と並行した耐久消費財の普及による「消費革命」などを背景として，中小商業近代化，さらには生産システムの高度化に対応するために流通機構全体としての効率化を目指す流通システム化に関する政策が，1960年代前半から積極的な議論の対象として位置づけられるようになった。

　流通機構は，特定の地域の歴史的・社会的・文化的，そして経済的発展の歴史的経路のうえで生成し，変容する性格を有するため，一連の流通近代化をめぐる政策についても日本の流通に固有の特徴を考慮した内容とされた。具体的には，小規模・多数性を前提とし，流通近代化の推進にあたっては社会的摩擦を生じさせないための配慮を不可欠としたうえで，適正な競争条件の整備による流通機構の近代化を目的とした。1968年に産業構造審議会から提出された報告書『流通近代化の課題と展望』では，これを実現するために社会的な解決が必要とされる課題として，4点が明示された（下の囲み参照）。これらは，その後の流通政策の基本的な方向づけを与えるものであった。

◇ 流通近代化のための推進課題（『流通近代化の課題と展望』）
1　流通機能担当者の強化と近代化を目的とした，①組織化，協業化，②経営方式および施設の近代化，③労働力の確保と人材教育
2　市場条件の整備を目的とした，取引慣行および取引体制の適正化
3　物的流通（物流）合理化を目的とした，物的流通技術の革新
4　1～3を実現するための環境整備を目的とした，①立地条件の適正化，②流通情報網の形成と統計の改善，③流通金融の円滑化

(2) 流通システム化政策

 これを受けて1969年から着手された流通システム化政策においては，一連の流通過程を1つのシステムとしてとらえる見方が重視された。システムを構成する①企業組織内部の経営計画，②組織間の取引管理，③物流管理，④金融・財務管理の各サブ・システムにおける課題を解決することと並行して，サブ・システムの結合・連動によって実現される流通機構全体の効率化・近代化が唱えられた。これらの側面のいずれにおいても不可欠となったのが，流通情報の伝達様式高度化の推進であった。高度経済成長にともなう労働力不足と物価高騰により，人件費の急速な上昇があったことも，流通業の労働集約的性格の見直しを迫っていた。

 このような背景もあり，コンピュータがいまだ企業の組織内部での省力化と事務処理の効率化のための機器として導入されたにすぎない時代にあって，流通システム化政策においては，その活用範囲を企業間取引にまで拡張することで，流通機構全体の合理化・効率化を図ることが指向された。

 企業間取引における高度情報化を推進するためには，伝票をはじめ，商品・企業・事業所コード，取引先コード，さらには各種フォーマットの統一が不可欠であり，これらプロトコルの標準化が推進された。標準化を進める過程では，伝統的に用いられてきた不公正ないし不透明な性格をもつ取引慣行・取引条件を適正化したうえで，標準化する作業が行われた。こうした試みが結実する形で，1974年に仕入伝票や納品書，請求明細書，物品受領書

などの帳票類のフォーマットを統一した「百貨店統一伝票」が，通商産業省（現・経済産業省）と日本商工会議所の主導のもと導入されることになった。これとほぼ時を同じくして，「チェーンストア統一伝票」と「問屋統一伝票」も設けられた。

また，当時，多数の百貨店が共通の納入業者から商品を仕入れている場合でも，各百貨店がその納入業者に対して独自の事業所コードを設けていたため，納入業者は多数の事業所コードを保有する必要があった。こうしたことから，同時期に日本百貨店協会のもと，事業所コードの標準化が行われた。事業所コード標準化の取り組みは，急速に成長を遂げるスーパーや生協からの要請を受け，小売業全体において利用可能な共通取引先コードへと発展を遂げた。

(3) **商品識別コード**

商品識別コードの標準化に向けた取り組みについては，オイル・ショック期にガソリンの需要把握などを目的としたPOSシステムの研究が着手された時点まで遡る。**JAN**（Japanese Article Number）と呼ばれる商品識別コードは，商品コード標準化の分野で先行していたヨーロッパにおけるEAN（European Article Number）協会（現在の**GS1**）への加盟を通じて，その開発が進められたものである。JANコードは，標準的な13桁のものと，8桁の短縮タイプをもつ。国際的には，それぞれ**GTIN**（Global Trade Item Number）-13あるいはGTIN-8と呼称され，GS1による規格のもと，ヨーロッパだけでなく，北米の標準コードとも

互換性をもった商品コードとして位置づけられる。なお，GS1によ
る規格のもと，事業者コード（GS1事業者コード）と商品識別
コード（商品アイテム・コード：GTIN）や，商品ロケーショ
ン・コード（事業所，場所の識別コード：GLN），資産タイプ・
コード（循環・再利用型資産の識別コード：GRAI）の組合せに
より，流通活動のさまざまな局面において標準コードを用いた情
報伝達の効率化が進んでいる。

　ちなみにGS1事業者コードを登録した事業者の数は，1979年
に27件だったのに対して，90年代終わりには8万件以上に達し，
現在では約13万1000件に上っている。

　JANコードは通常，JANバーコードシンボル（JANシンボル）
として商品などに貼付・表示される。集合包装用については，
ITFシンボルと呼ばれるJANシンボル（国際的にはGTIN-14
という）も用いられている。JANコードには，POSシステムに
おける販売データの記録をはじめ，メーカーの出荷管理，卸売業
者における入・出荷管理，あるいは小売業者における入荷検品，
補充発注などの役割がある。これら物流に関連する情報伝達は，
JANコードを手がかりとしており，その活用は広範囲に及ぶ。
また，こうした情報伝達は，EDIを通して行われるため，JAN
コードの果たす役割は，ますますその重要性を高めているといえ
る。

　従来，JANコードは，食品や雑貨の分野から導入が広がり，
CD/DVD，書籍，衣料品，家電など有形財での使用が一般的で

あったが，近年では商品のデジタル化やデジタル・コンテンツのインターネットを経由した販売が増加していることから，無形財分野でのJANコードの積極的な活用が行われてきている。インターネットを通じた販売のみを行う商品についても，JANコードの設定が増加している。さらには，消費者の間でのモバイル端末の普及により，JANコードの用途拡大がうながされている。スマートフォンのアプリケーションを用いたJANコードの読み取りによって，商品情報の取得や商品比較，価格比較などが可能となっている。

(4) EDIと流通BMS

EDIは，一般に「電子データ交換」のことを指すが，流通分野においては，商取引に関する標準規約に基づいて導入された組

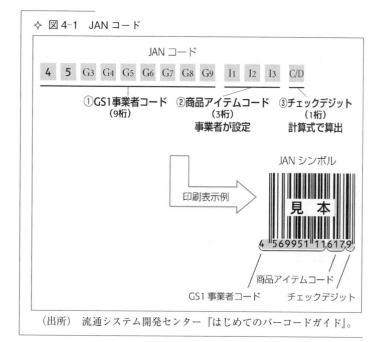

◇ 図4-1 JANコード

(出所) 流通システム開発センター『はじめてのバーコードガイド』。

◆ POSシステム

　POSシステムは，販売時点情報管理システムとも呼ばれる。小売業者の店頭での販売時点（point of sale）において，消費財の流通に関する情報を単品ごとに把握するものである。小売店頭のレジ端末での電子的なデータ読み込みと記録のための送信が行われることが前提となっていることから，英語ではEPOS（electronic point of sale）systemと呼称される。レジ端末にて，商品に付されたバーコードやOCR値札などをスキャンすることで情報が入力され，顧客ごとに迅速・正確に買物金額を集計し，レシート発行のうえで決済が完了するだけでなく，アイテムや曜日・時間帯といった区分での集計を行うことで，品揃えや在庫管理，販売管理などのための基礎情報として活用することができる。また組織間関係においては，これらの有効な共有を通じて，共同商品開発の精度向上や物流効率化などの改善が試みられることも多い。

　POSシステムの店頭導入の研究は1970年代終わりから着手されていたが，作業効率の改善と誤入力の低減という利点を除いては，その活用可能性が一般に理解されていなかったことから，普及には一定の時間を要した。1980年代に入ると，チェーンストアを中心とした電子発注システム（EOS）の導入が広がりをみせ，セブン-イレブン・ジャパンやイトーヨーカ堂が全店舗にPOSレジを設置すると，それに追随する大規模小売業者が登場した。これにより，消費財メーカーにおけるJANコードのソース・マーキングが急速に一般化することにもなった。

　商品識別に用いられるコードも現在では多様化している。JANシンボルや集合包装用のITFシンボルでは情報が水平方向にのみ表示される。これらは一次元バーコードと呼ばれる。これに対して，医療用医薬品分野でおもに用いられるPDFシンボルやData Matrixシンボル，さらには原材料などの履歴情報を記録・伝達する用途で活用の進むQRシンボルなどは，水平・垂直方向に情報をもつため二次元バーコードと呼ばれる。二次元バーコードには，英数字，記号だけでなく，かなや漢字，外国語の文字や記号，写真や音声など，さまざまな情報を伝達する機能が与えられている。読み取り方法も，画像分析によるものであり，スキャニングを用いる一次元バーコードとは異なり，使用する機器も異なる。

　RFIDを用いた電子タグ（ICタグ）は，GS1やISOにおいて国際的な標準化が推進されている次世代の認識技術である。すでに電子マネーや鉄道の自動改札で使用されるIC定期券などの分野で広く普及しているが，ICタグの単価低下により，流通活動における広範囲での利用の広がりが期待されている。非接触読み取りによる高速性・大量性だけでなく，形状の自由度と堅牢度が高い点，さらにはデータ容量が大きく，データ書き換えや保護が可能な点も，従来の識別媒体と異なっている。

織間を結ぶ電子的データ交換システムであり，生産から販売にいたる商取引に関わる業務を合理化する総合的なシステムのことをいう。日本におけるEDIの導入は，日本チェーンストア協会が制定した標準通信手順であるJCA手順（その後，流通業全体で採用されJ手順となった）を用いた電子発注システム（EOS）による発注業務の電子化から始まった。それまでの発注は，統一伝票を介して行われていたが，チェーンストアの店舗数が増加し，店舗の大型化が進行するにしたがって，発注業務の効率化とそれを実現するための電子発注化の必要性が生じたのである。

当時は異なる機種のコンピュータ間でのデータ通信を可能にする共通の通信手段が存在しなかったことから，日本チェーンストア協会がJCA手順の標準化を推進することになり，J手順，標準データフォーマット，そしてターンアラウンド型の統一伝票を用いた電子発注システム標準が，チェーンストアを中心に採用されることになる，その後のEDIや**流通BMS**（business message standards）の基礎をなすものとなった。

1980年代は通信業の規制緩和期にあたり，85年に制定された電気通信事業法によって，VAN事業が完全に自由化された時期である。VAN事業者とは，企業間のデータ交換を専門的に受託する事業者のことである。受・発注のための情報伝達は，小売業者と卸売業者あるいは卸売業者とメーカーの間といったように，多段階に位置する多数の組織間で交わされるものであり，小売段階に向かうにつれて対象となる商品種類も膨大となる。したがっ

て，商品を発注する側の業者からの情報が1カ所で集中的に変換され，受注者側の複数の業者に接続されることで，個々の業者同士がそれぞれ接続される場合と比較して，情報伝達が単純化される。

また，VAN業者が回線を借りて，加盟業者を結合させて，情報交換を行い，交換当事者以外に対する機密保持を保証する。必要な場合には，通信制御手順（プロトコル）やコードの変換を行って，組織間のデータ送受信を可能にする。ある程度の情報を蓄積したうえでの一括送信や，複数の送信先への同一内容の一斉送信も可能となった。さらには，情報システムに関する専門知識や組織機能が十分でない事業者についても，VANを利用することで，電子的な取引のネットワークに参加することができるようになった。

こうした背景から，J手順，そしてVANを利用したEOS，さらには1990年代以降には発注以外の分野でのEDIの導入が加速化した。これと並行して，**QR**（quick response），**ECR**（efficient consumer response），**SCM**（supply chain management）といった，消費者を起点とした流通機構の革新を提唱する考え方，あるいはコンビニエンス・ストアを中心に多頻度小ロット配送の指向などが登場したが，それは在庫保有による伝統的な需給調整の方法から，極力，在庫を保有せずに流通情報の高度化による物流と商流の調整による方法への転換を示唆する出来事であった。

近年では，さらなる合理化・効率化を企図した新たなEDI標

準として，流通 BMS の開発と初期導入が進んでいる。1980 年代に制定された JCA 手順と JCA フォーマットが 20 年以上にわたって利用されていたが，インターネットの急速な普及のもと，従来の技術が費用・速度・効率の両面で立ち遅れたものとなり，通信関連の機器やソフトウェアの新規更新も困難な状況となっていたことから，日本チェーンストア協会と日本スーパーマーケット協会が，2005 年より新たな EDI 標準の検討と実証実験に取り組

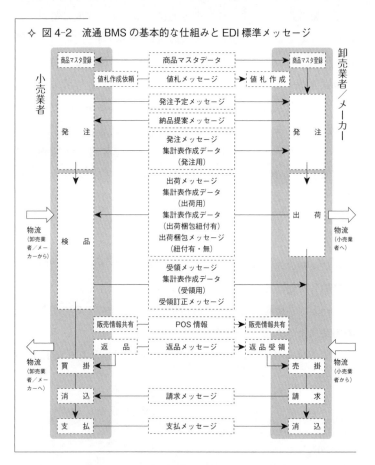

◇ 図 4-2　流通 BMS の基本的な仕組みと EDI 標準メッセージ

むこととなった。その結果，2007年に流通ビジネスメッセージ標準が発表され，その後，経済産業省による流通システム標準化事業の終了を受け，流通システム標準普及推進協議会（流通BMS協議会）が，流通システム開発センターに設置され，同標準のメンテナンスと普及推進を担当している。

流通BMSの基本的な仕組みとEDI標準メッセージは，図4-2に示しておく。また，これら標準に加えて，特定の業態に固有の取引のあり方や商品特性による差異への適応も図られている。

課　題

1) 送り手が伝えようとしたメッセージの内容が，受け手に正確に伝達されるとは限らないということについて，いくつかの具体的な状況を設定して説明しなさい。
2) 小売店の店頭では，小売店と顧客との間に2方向の情報伝達が行われていることを観察することができる。そうした双方向の情報伝達には，どのようなものがあるか，具体的な事例を用いて説明しなさい。
3) ある小売店の店頭でボトル入りのシャンプーが1本売れたとする。その結果を受けて，小売店にはどのような情報が生まれたり，蓄積されたりするだろうか。また，この小売店は，こうした情報を踏まえ，誰に対してどのような情報伝達を行うだろうか。
4) POSシステムが効果を発揮するのは，店頭のレジでの計算を迅速に正確に行うことができるという点だけではない。POSシステムの効用の発展性について，具体的に考えなさい。

第5章

流通機能担当者の分化と統合

⌘ 流通機能の担当者

本書のここまでの章では，流通機能について学んできた。所有権，財，情報，そして資金の流れ（流通フロー）を生成させるための活動を誰かが担っていることについて考えた。それでは誰が，流通の活動のどの部分を，どのようにして担当するのだろうか。この章では，流通機能の分担が多様であり，しかも分担のあり方が変化していること，そしてそのことに影響を与える諸要因について学ぶことにする。

まず身近な例で考えてみることにする。豆腐の流通に着目して

◇ 本章で学ぶこと
　流通機能は，多くの担当者に多様に分化して遂行されるとともに，分化していたものが統合されることもある。そこに参加するのは，商品流通に不可欠な生産者と消費者に加え，商人（商業者）としての卸売業者と小売業者，さらに輸送業者や広告業者など専門機能業者である。

みよう。日本各地の商店街などでもまだみられるが，豆腐とその加工品を製造する小売業者がいる。「商業統計」の区分でいう製造小売事業所である。店先では，朝早く生産した豆腐が水槽の中に保管され，品質情報や価格が表示されている。近所の消費者がタッパーやボウルを持って来店し，店先で購入の意思を口頭で伝え，豆腐と代金を交換する。消費者が家まで持ち帰ると，豆腐の流通は完了する。ここで登場した流通活動の担い手は豆腐の生産者（製造小売業者）と消費者のみである。

　この豆腐生産者が自転車で豆腐を入れた桶を運び，ラッパを鳴らして住宅地をまわり，消費者が自宅の前で豆腐を購入するケースについて考えてみよう。生産者と消費者だけが存在することには変わりないが，豆腐の生産地点から消費地点への輸送（物流）の担当者が，上記のケースの消費者から生産者に取って代わられたことがわかる。

　豆腐の生産者が，家族経営の零細規模のものではなく，より大規模な工場である場合，近所の消費者だけを対象にしたのでは需要量が少なすぎるので，より遠方の食料品小売店に販売するようになる。その食料品小売店では各種の食料品を販売する。その品揃えの一部に豆腐が含まれており，消費者は他の食料品とともに豆腐を買うことになる。ここで，消費者の家庭の近くで豆腐の保管機能を果たすのはその小売店となる。小売店を経営する小売業者は豆腐の所有権を取得し，さらにそれを消費者に販売する努力を払い，売残りの危険も負担することになる。

その食料品小売店は，豆腐の場合は直接生産者から購入するであろうが，遠隔地で生産されている多様な缶詰，びん詰食品の場合には直接生産者から購入するには仕入量が少ないので，卸売業者から仕入れることになるだろう。その場合に卸売業者の保管場所から小売店までの輸送は，小売業者が行うか，卸売業者が行うか，あるいは卸売業者に依頼された運送業者が行うことになる。

　こうして，生産者と消費者以外の経済主体が流通機能を分担することになる。さらに現実の動きをみると，別々の担当者に分化した流通機能が新たに統合される動きもある。

⌘ 流通機能担当者の垂直的分化と統合

　流通フローを構成する取引の要素の流れに沿った流通経路の方向を，垂直方向と呼ぶ慣習がある。その垂直方向に生産者と消費者しか存在せず，両者で流通機能を分担する場合を**直接流通**と呼ぶ。それは流通段階の数でみれば2段階の流通経路である（論者によっては商業者として介在する流通業者の段階数のみを数えて，この場合を0段階ととらえる見方もある。ここでは生産・消費の両段階でともに流通活動が行われているという視点に立ち，直接流通の経路を2段階の経路としてとらえることにする）。

　生産者と消費者の間に商業者（商人）が介在する場合を**間接流通**と呼ぶ。商業者は，市場範囲の拡大などにともなってさらに垂直的に分化するので，間接流通は3段階以上となる。商業者のうち消費者に販売するものを**小売業者**といい，消費者以外に販売す

る者を**卸売業者**と呼ぶ。これらについては本書の後半においてより詳しく展開していく。

　財を自ら生産することをせず，他から購入しながら，それを自ら消費せずに，利益を得て他に販売するのが**商業者（商人）**である。商人の出現は，人間の社会の歴史の最も古い時期に遡る。商業者の出現は，交換を容易にした。その後今日まで，流通の歴史と商業者の歴史は重なりあって展開してきた。生産者と消費者の間になぜ商業者が介在しつづけるのか。商業者の介在は不合理なのではないか。これらの問題については，第8章でさらに掘り下げて学ぶことにする。

◇ 図5-1　直接流通と間接流通

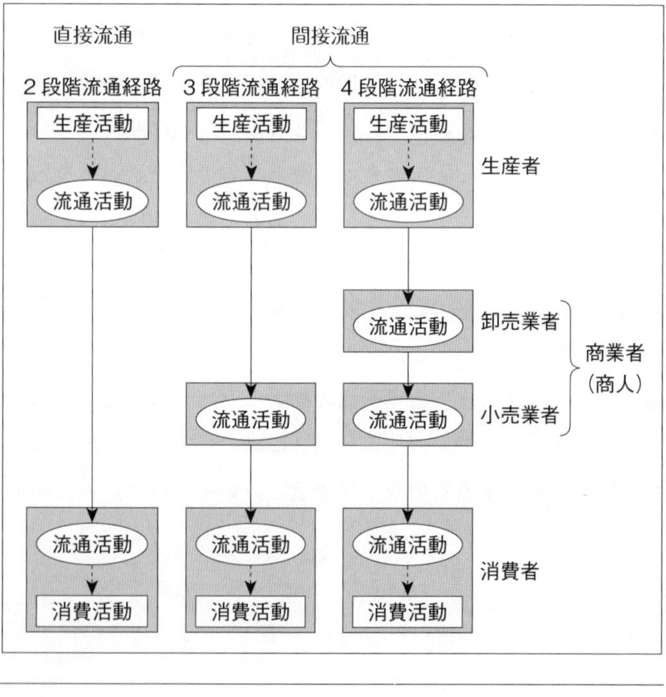

直接流通	間接流通		
2段階流通経路	3段階流通経路	4段階流通経路	
生産活動→流通活動	生産活動→流通活動	生産活動→流通活動	生産者
		流通活動	卸売業者
	流通活動	流通活動	小売業者
流通活動→消費活動	流通活動→消費活動	流通活動→消費活動	消費者

卸売業者と小売業者は商業者（商人）

さて，流通活動の担当者の**垂直的分化**が発生して4段階の間接流通の経路が成立しているとしよう。4種類の経済主体がそこに存在することになるが，流通経路のうち消費者を除いた部分を**営利経路**と呼ぶ。営利経路を構成するのは企業である。これらの相互の関係が対等な場合は，生産者と卸売業者，卸売業者と小売業者はそれぞれの市場で，取引相手を探索し，接触し，対等に交渉し，話し合いがまとまり，契約が締結，履行されると商品とその所有権が移転する。流通経路を移動する財が増加するほど参加者の利益の総和が増大することになる。

　生産者，卸売業者，小売業者の間の力関係が対等ではなく，経路の構成員のいずれかにより大きな力があると，流通経路は力の強い者（**経路支配力**をもった機関）を中心に形成される。

　生産者が小規模・分散的である状態では，卸売業者がより大きな力をもち，流通経路のリーダー（**チャネル・リーダー**あるいは**チャネル・キャプテン**と呼ばれる）となり，生産に関する諸決定を行い，生産された商品の販売経路や販売条件・販売促進についての諸決定を行う。

　大規模な生産者が登場すると流通経路を支配下に置き，しばしば卸売段階を，時には小売段階まで垂直的に統合することがある。それぞれの段階において，もともと独立した経営主体であった企業を自らの組織に内部化させていく。所有による垂直的統合が不可能なときは，流通系列化という手段をとって，実質的には企業の内部組織を拡張するかのような形での販売経路の管理と統制を

試みる場合もみられる（第7章参照）。

　また大規模化した小売業者が，一部の商品の製品開発を自ら行い，中小規模の生産者に生産を委託し，自己の商標（ブランド）で販売するようになった。それらは**プライベート・ブランド**（private brand: **PB**）と呼ばれる。さらに大規模な小売業者と大規模な生産者との間で対等な立場で提携する試みがみられるようになり，高度に組織化された情報流を基礎にした商流・物流の合理化が行われるようになり，費用の削減，在庫の減少，迅速な納品などの結果が生み出された。これは，製販同盟（製販連携）などと呼ばれる。

✲ 流通機能担当者の水平的分化と統合

　水平的分化とは，垂直的分化のそれぞれの段階，つまり卸売段階と小売段階のそれぞれにおいて発生する，流通機能担当者の分化である。水平的分化は，部門分化と形態（業態）分化に分けて考えることができる。

　部門分化は取り扱う財が専門化することである。つまり，品目別の専門業者が出現することである。卸売業や小売業の産業分類の大部分はこの分化によるものである。靴卸売業，食肉卸売業や寝具小売業，鮮魚小売業などはその例である（表5-1参照）。

　部門分化は，生産段階における社会的分業の深化と密接に結びついている。生産者は，野菜を栽培する，魚をとる，靴を作る，自動車を生産するというように，それぞれが特定の品目の生産に

適した土地，機械・設備，原材料を投入するため，1つの事業所で生産される品目は限定される。

そのため，生産された財は，流通の過程で，他で生産された財と結びつけられる。流通の過程では，その品目の形状や保存性，価格，必要な専門知識などからみて，同一品目，あるいは類似の品目群に限定したほうが取扱いが容易であり，規模の経済性も得られる。また買手の選択性という観点からも，特定の商品系列内で品質や価格，デザイン，色，ブランドなどに多様性をもたせる（品揃えの深さが増すと表現する）ことが好ましい。

品目別の専門化は古くからみられた現象である。日本でも中世の卸売業者である問丸には，油問丸，紙問丸，材木問丸などが存在していた。また近世の江戸，大坂，名古屋などの大都市には，呉服商をはじめ，鮮魚や野菜，油，紙などの専門小売業者がおり，家具，桶，足袋，履物などの製造小売業も存在した。

ただし，これらの専門化した小売店が専業として存在できるためには，人口が集積し，その品目に対する購買力が専門化された店舗を維持するために十分な水準に達している必要がある。

アメリカの例をみると，人口密度の稀薄だった植民地時代から農村部に存在したのはよろず屋（general store）であった。食料品や衣料品，住宅用品，農耕用品など幅広い品揃えをもつ一方で，それぞれの品目の品揃えの奥行きは浅かった。居酒屋（pub）と併設・隣接していたり，品揃えする商品を卸売したりすることもあった。18世紀後半には，東部の少数の都市にのみ専門化され

た店舗が出現した。時代を経るにしたがってそれらの店舗は増加し，専門業種の数も19世紀の初めには20以下であったものが，世紀末には100を超えていたといわれる。

19世紀の後半になると，大都市の中心市街地には，他の先進

◇ 表5-1　小売業の産業分類（日本標準産業分類，2013年改定）

56　各種商品小売業	5800　主として管理事務を行う本社等
560　管理，補助的経済活動を行う事業所（56 各種商品小売業）	5808　自家用倉庫
	5809　その他の管理，補助的経済活動を行う事業所
5600　主として管理事務を行う本社等	581　各種食料品小売業
5608　自家用倉庫	5811　各種食料品小売業
5609　その他の管理，補助的経済活動を行う事業所	582　野菜・果実小売業
561　百貨店，総合スーパー	5821　野菜小売業
5611　百貨店，総合スーパー	5822　果実小売業
569　その他の各種商品小売業（従業者が常時50人未満のもの）	583　食肉小売業
	5831　食肉小売業（卵，鳥肉を除く）
5699　その他の各種商品小売業（従業者が常時50人未満のもの）	5832　卵・鳥肉小売業
	584　鮮魚小売業
	5841　鮮魚小売業
57　織物・衣服・身の回り品小売業	585　酒小売業
570　管理，補助的経済活動を行う事業所（57 織物・衣服・身の回り品小売業）	5851　酒小売業
	586　菓子・パン小売業
	5861　菓子小売業（製造小売）
5700　主として管理事務を行う本社等	5862　菓子小売業（製造小売でないもの）
5708　自家用倉庫	5863　パン小売業（製造小売）
5709　その他の管理，補助的経済活動を行う事業所	5864　パン小売業（製造小売でないもの）
	589　その他の飲食料品小売業
571　呉服・服地・寝具小売業	5891　コンビニエンスストア（飲食料品を中心とするものに限る）
5711　呉服・服地小売業	
5712　寝具小売業	5892　牛乳小売業
572　男子服小売業	5893　飲料小売業（別掲を除く）
5721　男子服小売業	5894　茶類小売業
573　婦人・子供服小売業	5895　料理品小売業
5731　婦人服小売業	5896　米穀類小売業
5732　子供服小売業	5897　豆腐・かまぼこ等加工食品小売業
574　靴・履物小売業	5898　乾物小売業
5741　靴小売業	5899　他に分類されない飲食料品小売業
5742　履物小売業（靴を除く）	
579　その他の織物・衣服・身の回り品小売業	**59　機械器具小売業**
	590　管理，補助的経済活動を行う事業所（59 機械器具小売業）
5791　かばん・袋物小売業	
5792　下着類小売業	5900　主として管理事務を行う本社等
5793　洋品雑貨・小間物小売業	5908　自家用倉庫
5799　他に分類されない織物・衣服・身の回り品小売業	5909　その他の管理，補助的経済活動を行う事業所
	591　自動車小売業
58　飲食料品小売業	5911　自動車（新車）小売業
580　管理，補助的経済活動を行う事業所（58 飲食料品小売業）	5912　中古自動車小売業
	5913　自動車部分品・附属品小売業

国と同様に，百貨店が出現した。これは部門分化と反対の方向にある統合化としてとらえられる。品揃えの幅，すなわち取扱品目数を拡大する方向である。主として衣料品（日本の場合は呉服）小売店から，規模を拡大するにつれて，衣料品のうち取り扱って

◇ 表5-1 つづき

番号	業種	番号	業種
5914	二輪自動車小売業（原動機付自転車を含む）	6061	書籍・雑誌小売業（古本を除く）
592	自転車小売業	6062	古本小売業
5921	自転車小売業	6063	新聞小売業
593	機械器具小売業（自動車，自転車を除く）	6064	紙・文房具小売業
		607	スポーツ用品・がん具・娯楽用品・楽器小売業
5931	電気機械器具小売業（中古品を除く）	6071	スポーツ用品小売業
5932	電気事務機械器具小売業（中古品を除く）	6072	がん具・娯楽用品小売業
		6073	楽器小売業
5933	中古電気製品小売業	608	写真機・時計・眼鏡小売業
5939	その他の機械器具小売業	6081	写真機・写真材料小売業
		6082	時計・眼鏡・光学機械小売業
60	その他の小売業	609	他に分類されない小売業
600	管理，補助的経済活動を行う事業所（60 その他の小売業）	6091	ホームセンター
		6092	たばこ・喫煙具専門小売業
6000	主として管理事務を行う本社等	6093	花・植木小売業
6008	自家用倉庫	6094	建築材料小売業
6009	その他の管理，補助的経済活動を行う事業所	6095	ジュエリー製品小売業
		6096	ペット・ペット用品小売業
601	家具・建具・畳小売業	6097	骨とう品小売業
6011	家具小売業	6098	中古品小売業（骨とう品を除く）
6012	建具小売業	6099	他に分類されないその他の小売業
6013	畳小売業		
6014	宗教用具小売業	61	無店舗小売業
602	じゅう器小売業	610	管理，補助的経済活動を行う事業所（61 無店舗小売業）
6021	金物小売業		
6022	荒物小売業	6100	主として管理事務を行う本社等
6023	陶磁器・ガラス小売業	6108	自家用倉庫
6029	他に分類されないじゅう器小売業	6109	その他の管理，補助的経済活動を行う事業所
603	医薬品・化粧品小売業		
6031	ドラッグストア	611	通信販売・訪問販売小売業
6032	医薬品小売業（調剤薬局を除く）	6111	無店舗小売業（各種商品小売）
6033	調剤薬局	6112	無店舗小売業（織物・衣服・身の回り品小売）
6034	化粧品小売業		
604	農耕用品小売業	6113	無店舗小売業（飲食料品小売）
6041	農業用機械器具小売業	6114	無店舗小売業（機械器具小売）
6042	苗・種子小売業	6119	無店舗小売業（その他の小売）
6043	肥料・飼料小売業	612	自動販売機による小売業
605	燃料小売業	6121	自動販売機による小売業
6051	ガソリンスタンド	619	その他の無店舗小売業
6052	燃料小売業（ガソリンスタンドを除く）	6199	その他の無店舗小売業
606	書籍・文房具小売業		

いなかった他の品目を加え,さらに衣料品以外の諸品目を順次に包含していく中で百貨店が生まれた。

同様に食料品小売業でも品揃えの拡大の動きがあり,1930年代に登場したスーパーマーケットを典型とする各種食料品小売業が生まれた。これらに,さらに非食品部門が追加されてGMS (general merchandise store:総合スーパー) が誕生した。

このように小売店舗の品揃えの幅が「広い―狭い―広い」と変動する現象を,楽器の演奏になぞらえて「**小売アコーディオン**」とS.C.ホランダーが呼んだことがある。

これを日本にあてはめてみると,表5-2にみられるように,2014年においては,織物・衣服・身の回り品の小売販売額の27.5%は百貨店・総合スーパーで販売され,各専門業種での販売

◇ 表5-2　織物・衣服・身の回り品と飲食料品の販売額の業種別シェア

(単位:%)

	1972年	1982年	2002年	2007年	2014年
織物・衣服・身の回り品　計	100.0	100.0	100.0	100.0	100.0
百貨店・総合スーパー	27.3	33.5	36.2	33.9	27.5
織物・衣服・身の回り品小売業	68.1	61.4	55.7	61.4	61.1
その他	4.6	5.1	8.1	4.7	11.4
飲食料品　計	100.0	100.0	100.0	100.0	100.0
百貨店・総合スーパー	7.7	12.6	14.3	13.4	12.4
各種飲食料品小売業(食品スーパー)	20.0	30.0	30.6	35.1	35.8
専門型飲食料品小売業	68.4	54.5	39.9	35.0	26.2
(料理品小売業)	(2.1)	(4.4)	(5.8)	(5.2)	(2.4)
コンビニエンス・ストア	―	―	11.4	11.7	11.6
その他	3.9	2.9	3.8	4.8	14.0

(出所)「商業統計」(品目編)より作成(料理品小売業は専門型飲食料品小売業の内数)。2002年より新分類のコンビニエンス・ストアを別掲。

は61.1％であった。前者の占める構成比は長期の増加から減少に転じ，後者による比重が若干の上下動をともないながら増加傾向にあることがわかる。

　飲食料品についても，長期的な増加経路を辿ってきた百貨店・総合スーパーによる構成比が，一転して長期の低下傾向に置かれている一方で，食品スーパー（各種飲食料品小売業）の比重の上昇が続いている。百貨店・総合スーパーと食品スーパーをあわせた構成比は，48.2％を占める。これらに加えてコンビニエンス・ストアの比重を勘案すると，伝統的な青果店や鮮魚店，精肉店といった専門型小売業者が飲食料品の小売販売に占める構成比が，長期低落傾向にあることが明らかになる。

　卸売業においても，衣服・身の回り品，食料・飲料，機械・器具など各分野で総合化が進行している。その中でも，近年はその比重を低下させているとはいえ，日本で顕著な発展をみた総合商社をはじめとする各種商品卸売業の占める位置は大きい。各種商品小売業の卸売販売額に対する比重は，1975年には15.8％，2007年には11.9％，そして14年には7.3％となっている。

　このような取扱品目が統合された「複合型」業種の発展は，小売業あるいは卸売業を営む企業の多品目化による経営規模拡大の利益や製造業者の多角化の影響，さらには消費者の間での多目的買物出向による**ワン・ストップ・ショッピング**の増加などにより促進された。

　しかし品揃えの幅は狭くとも，深い品揃えの魅力をもつ専門型

小売業者の存続もみられる。あるいは地域的に多業種の店舗が集積することによってワン・ストップ・ショッピングの便宜性が生成されることもあるだろう。小売業者が品揃えを拡大することのできる範囲は，小売業者自身の商品取扱い能力の限界，費用の増加，そして消費者の買い物行動によって制約を受けるといえる。

なお，小売業者の取扱品目の総合化にともなって小売店舗への商品供給経路の統合が問題となっている。品目（業種）別に分化した卸売業者・製造業者が個別に小売店舗に輸送を行うと少量・多頻度物流による非効率が発生する。卸売業者の統合によるフルライン化と広域化も対応策となりうるが，それには限界があるため，卸売業者が共同配送を行ったり，小売業者の物流センターにまとめて納入して品揃えをしたうえで，各店舗に配送するなどの方法がとられている。

形態（業態）分化は，部門分化が取扱品目の差異による業種（産業）の区分に基礎を置いたのに対し，取扱品目だけでなく，例えば小売業の企業が決定する立地，品揃え，規模（店舗規模と店舗数規模），価格政策，販売方法，付帯サービスなどの組合せ（**小売ミックス**：retailing mix）において，新しい組合せをつくることによって生み出される。小売業における店舗形態である百貨店，スーパー，専門店，コンビニエンス・ストアなど，多店舗企業であるチェーンストア，企業間で作り出すボランタリー・チェーンやフランチャイズ・システムなどはその例であり，第11章で取り上げる。

そして大規模流通企業の間では，同一の企業内にこれらの異なった形態の組織を包含することがあり，**コングロマーチャント**（conglomerchant: 複合商企業）と呼ばれることがある。

❈ 流通機能担当者の機能的分化と統合

すでに学んだように，流通機能はいくつかの代表的なものに分類することが可能である。それらは歴史的には，生産者と消費者，そして社会的分業が進展するとともに商業者（商人）である卸売業者と小売業者によって担われてきた。その一方で流通助成機能を中心に流通機能の特定部分を専門的に遂行する専門業者が次第に登場し，そのいくつかの分野は拡大して独立した産業分野となった。

例えば輸送機能は，生産者，卸売業者，小売業者のそれぞれが担当し，消費者も分担しうる。しかし現在では輸送を専門とする業者が登場し，流通にともなう財の輸送活動を，他の目的のための輸送活動とともに担当している。輸送活動そのものについても社会的分業が成立しており，鉄道企業やトラック業者などの陸上輸送業者から海運業者，航空輸送業者，さらには荷役専門業者や包装専門業者にいたるまで，さまざまな輸送業者への分化が進んでいる。同様に，保管を担当する倉庫業者も流通機能を分担しているが，それらは商品流通にともなう財の保管を行うと同時に消費者の家財の保管業務も営んでいる。

また流通にともなう金融は，他の目的のための金融とともに銀

行などの金融機関が担当している。危険負担機能の一部は保険の制度によって共同で負担されているが,これも他の目的のための保険とともに保険業者(損害保険業者)によって担当されている。情報伝達機能については,広告業者,市場調査業者,あるいは出版・放送業者などの情報媒体提供業者などが担当している。さらに広告内容の制作を例にとった場合に,その業務が多くの専門業者に分担されていることからもわかるように,多様な分業関係が成立している。

このような形で,流通機能の特定部分を分担する企業が出現し,

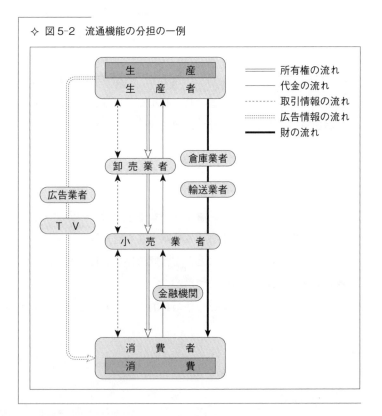

◇ 図5-2 流通機能の分担の一例

専門分野を形成するにいたるまでに発展してきた原因は，つぎのように考えられる。

①それぞれの分野が拡大した市場をもつようになった。流通機能のみならず，それぞれの活動に応じて，その他の経済的・社会的・文化的機能を遂行するための需要が増大した。

②したがって，それぞれの活動を専門的に遂行することにより規模の経済が実現して，単位当たり費用が低下する。

③同様に専門化により技術水準が高められ，専門的な機械・設備を保有することから，質の高い業務が遂行できるようになる。

④これらの専門分野の企業を利用する側にとっては，以上のような長所をもった専門企業を利用することの望ましさとともに，自企業で遂行する場合の労務管理上の問題点が避けられることも利点となる。それはトラックの運転手のように，賃金体系や勤務時間などで他の雇用者と異質である場合があるからであり，雇用される労働力はそれぞれの企業で本質的に必要な業務に集中しようとするからである。

このような機能面の分化と専門業者への委託はますます進行しているが，徹底した専門化を通じた分化が起こっているわけではない。輸送量（輸送トン数）のみに着目すると，日本の貨物輸送のおよそ3割弱はまだ自家用の自動車によるものである（2014年度）。その理由の1つとして，自家用車の運転手が，受注，集金，販売店援助などを兼ねていたり，営業担当者が自身で自動車

を運転して，これらの業務を含む営業活動を行う場合があることが挙げられる。さらに新しいタイプの機能の統合の試みも出現している。例えば小口の貨物を家庭へ輸送する業者（宅配業者）が，その物流機能を利用してカタログ通販による小売業を兼営することもある。消費者が短い配達時間に高い流通サービスを知覚する場合には，従来の荷主に代わって宅配業者が商品の所有権をもち，自社の物流センターからの迅速な商品引当てと配送を行う場合もみられるようになっている。また，流通機能の遂行を基盤としながら関連する他の機能分野に多角化する企業も出現する。割賦販売，つまり金融活動をともなう販売の提供を通して成長を遂げた小売業者が，割賦販売によって得たノウハウを用いて消費者金融業務に進出したのは，その例である。

また情報を中心に考えると，第4章で学んだように，商流，資金流，物流，情報流のすべてに情報が関連している。それらの機能を担当する生産者，卸売業者，小売業者，物流業者，金融機関の企業間と企業内の事業所は，コンピュータ・ネットワークを介して仮想的に統合が進む環境に置かれている。とくにPOSから得られた消費者市場の情報を迅速に組織内部・組織間の双方で共有することによって，適切な商品の企画・生産と効率的な供給体制を確保するとともに，費用の低減を図ることが試みられている。**製販統合**などと呼ばれているものである。それらを統合する立場には流通経路のリーダーがなる場合が多いが，ボランタリー・チェーンやフランチャイズ・チェーンによる場合など多様であり，

複数の組織が結びつけられる場合もある。

課　題

1) 流通機能のうちには消費者が担当している部分があることを，流通フローのすべてについて，買物経験の1つを事例として整理してみなさい。
2) 4段階流通経路が成立している場合に，営利経路を構成する企業の相互の関係が対等な場合と対等でない場合を比較しなさい。
3) 日本の小売業で，業種を複合型と専門型に分けると，両者の構成にはどのような傾向がみられるだろうか。
4) 流通機能を自社で遂行する場合（内部供給）と他社に委託する場合（外部発注）について，輸送機能を例として，比較しなさい。
　＊内部供給する場合にはどのような費用を支出しなければならないかを考慮しなさい。

◇ もう一歩考えてみよう： 酒屋とコンビニエンス・ストア

　第 11 章で学ぶように，コンビニエンス・ストアの特徴の 1 つは，狭小な店舗に対して相対的に品揃えの幅が広い，つまり取扱品目が多いことである。通常のコンビニエンス・ストアは 100 m² ほどの店舗に 3000 品目程度を品揃えしている。初期のコンビニエンス・ストアには酒販店（酒類小売業）から転換した店舗が多かったが，酒販店の品揃えは，200 品目ほどである。コンビニエンス・ストアへの転換により 200 から 3000 へと品揃えが総合化したのである。しかしその酒屋にしても，昔の酒，それも日本酒のみを販売する酒屋であったものから，多様な酒類に加えて，砂糖や塩，味噌，醬油，酢，香辛料，化学調味料，食用油などの調味料を販売するようになっていた。さらに通常は，缶詰・びん詰などの食料品も店頭に陳列されていた。

　このような品揃えの拡大は，個別の品目の管理，限られた施設の中での在庫の管理，組織的な商品供給など経営管理上の問題の解決を必要とする。

第6章

消費者と流通

⌘ 消費者の権利と責任

　人間の生活には,多様な側面がある。そのうち,私たちにとって不可欠なものが経済生活である。生活に必要な,あるいは生活を豊かにする財やサービスを消費することは,それらの生産とともに経済生活を構成する。それは,経済生活の目的でもある。社会的分業の浸透した今日では,消費の対象となる財やサービスは,家計の外部から購入することが一般的になっている。こうしたことから,生活のために財やサービスを購入する者,つまり消費者

◇ 本章で学ぶこと
　私たちの生活にとって,流通活動にはどのような意義があるのだろうか。また,流通活動と福祉との間には,どのような関係があるのだろうか。消費者による買物場所選択行動の基礎とは何か。消費者費用(買物費用)とは,どのような概念か。それらは,小売業にどのような影響を与えるのだろうか。

としての側面は，私たちにとって重大な関心をもたざるをえない領域となっている。

そこで，消費者としての立場から，消費する財そのものやその購入条件について考えてみると，多くの問題点を見出すことができる。

高度な技術が結集されている工業製品の分野でも，暮らしの安全・安心を損なう事故が発生している。

製品評価技術基盤機構（NITE）が収集した2011～13年度の3年間の事故情報（『生活安全ジャーナル』第16号，2014年7月）によると，1万597件の製品事故が発生したことが明らかにされている。これを製品区分別にみると，家庭用電気製品（5185件），燃焼器具（2101件），身の回り品（792件），家具・住居用品（769件），乳幼児用品（708件），乗物・乗物用品（379件）が上位を占めている。2013年度に報告された製品事故3650件のうち，600件は人的被害の発生した事故である（死亡36件，重症159件，軽傷405件）。これらには，「製品に起因する事故」だけでなく，製品の「誤使用や不注意による事故」が含まれている。

従来，NITEに寄せられる製品事故に関する情報は，消費者センターや国の行政機関，製品の製造業者や輸入業者，さらには消防機関や警察，消費者などによるものが中心であったが，近年，流通業者から事故情報が報告される傾向が高まっている。これには，大規模小売業者の台頭や小売業者によるPB商品の品揃え拡大などが影響していると考えられる。製品リコールなどを含め，

製品事故発生時に流通業者が果たしうる役割への期待が高まっている。

　また農畜産物や水産物，あるいはそれらを用いた加工食品でも，健康被害を生じさせたり，身体への悪影響を及ぼしたりする薬品が検出されて，輸入や販売が制限される事例が発生している。また産地やブランドの原材料などの虚偽表示による**優良誤認**，**有利誤認**の問題も指摘されている。

　危険な商品や有害な商品，性能に欠陥のある商品がつぎつぎと報告されるとともに，虚偽表示も含め，価格や品質の根拠が不明確な状態で販売される商品やサービスに対する非難も相次いでいる。企業の伝える広告は人びとの欲望をかきたてはするが，必ずしも正確で役立つ情報を伝えているとは限らず，誇大な広告，虚偽の広告，不当な表示も一部ではみられる。

　また，物流・情報技術の高度化にともなって小売業における電子商取引の規模と範囲が拡大する中で，これらの問題が新たな形で表出化している。さらには，社会の急速な高齢化は，**買物困難者**の増加など，消費活動そのものに制約を課す問題を引き起こしている。それとともに取引をめぐる詐欺被害の多発など，消費者の権利を根本から揺るがす事象をもたらしている。

　他方，人びとの社会参加意識が高まり，消費者の立場から主張し，行動する市民とそのリーダーが生み出され，各種消費者団体による活動も成長をみている。**消費者問題**はマスコミにも取り上げられ，政治の対象となってきた。消費者保護基本法（1968年）

第6章　消費者と流通

などの立法措置が講じられ，地方公共団体のレベルでも消費者保護条例が制定された。2009年には，消費者庁が発足して消費者行政の中心組織が成立した。また中央・地方で消費者教育，苦情処理，相談が行われるようになった。

このような消費者問題は，消費者の権利が侵されることに抵抗する**コンシューマリズム**（consumerism）として把握されている。この考え方を推進したものに，1962年に当時のアメリカ大統領J. F. ケネディが議会へ送った特別教書がある。ここには，安全への権利（right to be safe），情報を与えられる権利（right to be informed），選択をする権利（right to choose），意見を聴かれる権利（right to be heard）が，消費者の4つの権利として記された。

国際消費者機構（Consumers International）は，消費者団体の国際組織として，1982年に，消費者の「8つの権利」（Basic Consumer Rights）と，それにともなって消費者に求められる「5つの責任」（Consumer Responsibilities）の提唱を行った。

コンシューマリズムは，生産・流通に関わる企業にとっても重

✧ 消費者の「8つの権利」と「5つの責任」

　国際消費者機構が示す消費者の8つの基本的権利は，以下から構成されている。①基本的ニーズが充足される権利（right to satisfaction of basic needs），②安全への権利（right to safety），③情報を与えられる権利（right to be informed），④選択する権利（right to choose），⑤意見を聴かれる権利（right to be heard），⑥補償を受ける権利（right to redress），⑦消費者教育を受ける権利（right to consumer education），⑧健全な環境への権利（right to a healthy environment）。

　一方，消費者の責任（consumer responsibilities）として同団体は，5つの事項を挙げている。①批判的意識をもつ責任（critical awareness），②主張し，行動する責任（involvement or action），③社会的責任（social responsibility），④環境に対する責任（ecological responsibility），⑤連帯する責任（solidarity）。

要な意味をもっており，十分な対応が迫られている。ここで注意すべき点がある。それは，消費者の権利の保護について問題とされてきたのは，あくまでも最低基準の権利であるということである。消費者は，購入する商品に欠陥がないということだけでなく，より好ましい商品を，豊富な品揃えの中から選んで，欲しい時に，欲しい量だけ，十分な情報とサービスを得ながら，望ましい価格で，好ましい場所で購入することなどによって，より大きな満足を得ることになる。

⌘ 人口と世帯

　日本における消費者の総数は総人口に示される。日本の総人口は2008年に1億2808万人に達したが，出生率も死亡率も低くなり，増加率は減少を続けている。総人口は，2011年以降減少傾向を辿っている。生活の単位である世帯数は，人口以上の増加をみた。2010年には一般世帯の総数は5184万を超えた。単独世帯は，その3割以上を占める。その結果，戦前から1955年頃までは約5人であった1世帯当たりの人数が急速に減少し，2.5人を

◇ 東京都消費生活条例
　1975年に制定された東京都消費生活条例は，商品・サービスによる危害の防止，商品・サービスの適切な選択を助成する表示・包装，計量の適正化，価格に関する不適切な事業行為の是正，不適切な取引行為の防止，消費者が受けた被害の救済，消費生活に必要な情報提供の推進，消費者教育の推進による消費者の知識・判断力の涵養といった目的を通して消費生活の安定と向上を企図するものである。この条例に示される消費者の権利は，これら具体的事項のそれぞれと対応している。近年では，既存の法律では規制対象とならない商品やサービスの販売方法が不適切な取引行為の手段として用いられたり，高齢者や若者がそうした取引の被害に遭う事例が増加したりしているため，2015年には同条例の改正施行が行われた。具体的には，若者や高齢者が被害者となる場合の多い不適切な取引行為が新たに禁止命令の対象に追加された。

下回るようになっている。全国に分散する小さな家計単位で消費が行われていることが、流通に重要な課題を与えることになる。

　日本の各地域における需要の規模と、それと関連する消費者の立地として人口分布をみたときに顕著に現れるのは、高度な都市化状況である。2010年の国勢調査によると、全国786市からなる市部人口は総人口の90.7％に達している。市部の中には市町村合併などの影響を受け、人口密度の低い地域も含まれているので、とくに人口密度の高い都市的地区としての全国の市部における人口集中地区の人口に着目してみよう。人口集中地区（densely inhabited district: DID）とは、市区町村内の区域で1平方キロメートル当たりの人口密度が4000人以上の（国勢調査実施のための）基本単位区が隣接して、人口が5000人以上となる地区を指している。市部におけるこれらの地区は国土面積の3.2％を占めるにすぎないが、その人口規模は総人口の65％を超えている。これに郡部における人口集中地区の人口を加えると、面積では国土面積の3.4％となり、総人口に占める人口では67.3％に上る。ちなみに市部・郡部をあわせた人口集中地区の総数は、1319である。

　日本の人口は、1950年代以降の高度成長期に東京、大阪、名古屋からなる3大都市圏を核とする太平洋ベルト地帯において大幅な増加を記録したが、これらに該当しない地域を中心に過疎化が進行した。1970年代後半に入ると、都市部での人口過密化とその一方で深刻化した急速な過疎化は沈静化し、人口の分散化、

定着化の傾向がみられるようになった。東京圏への人口集中は，当時，顕著になった現象である。

　大都市への人口集中は，都市地域の拡大や大都市圏の形成をうながし，郊外での住宅地開発を活発化させた。その結果，大都市の中心部には，通勤・通学や業務，買物，娯楽など，多様な目的のために大量の昼間人口が流入することになるが，常住人口（夜間人口）の減少が顕著となるドーナツ化現象が発生することになった。こうした傾向は現在，大都市圏では緩和され，一部で大都市部への人口回帰が進行している。

　このような人口の地域的動態は，消費のあり方の変化と密接に関連し，消費財の流通に大きな影響を与える。中でも，小売店舗の立地や集積パターンの形成とその変化をうながす点に着目する必要がある。

　現代の日本における人口構造の最も特徴的な側面として，人口の急激な高齢化を挙げることができる。表6-1に示すように，65歳以上の老年人口は，実数のうえでも総人口に占める割合のうえでも著しい増加経路を辿っている。総人口が減少に転じ，生産年齢人口が低下する中，一方では労働力の提供者としての高齢者の役割に関心が寄せられるようになっており，他方では消費者としての高齢者への多様な配慮が求められている。高齢化は，購入対象となる品目の変化をもたらすだけでなく，それらの品質と購買単位や包装のあり方，さらには買物場所・購入方法などにも影響を与える。

第6章　消費者と流通

これを具体的な例から考えてみよう。小商圏に対応するミニスーパーの増加現象は、高齢者が徒歩でアクセスすることのできる立地にあり、コンビニエンス・ストアでの品揃えの少ない生鮮食品を少量で購入できるとともに、商圏特性に細やかに対応した小売サービスが提供されているという特徴によるものである。また少子高齢化の進行のもと、国民健康保険制度の従来通りの維持が困難となったことで、医療費抑制を企図したセルフ・メディケーション (self-medication) のニーズが高まり、薬事法の改正や物流・情報技術の発展をともないながら、一般用医薬品の流通にも変化が生じている。

モビリティ (mobility) の側面から高齢化社会と流通の関連に目を向けると、買物困難者の問題の所在がある。自動車を保有し

◇ 表6-1　日本の年齢別人口とその将来推計

年	総人口（万人）	年齢3区分（万人）			構成比（％）		
		年少人口 0〜14歳	生産年齢人口 15〜64歳	老年人口 65歳以上	0〜14歳	15〜64歳	65歳以上
1950年	8,411	2,979	5,017	416	35.4	59.6	4.9
1960	9,430	2,843	6,047	540	30.2	64.1	5.7
1970	10,467	2,515	7,212	739	24.0	68.9	7.1
1980	11,706	2,752	7,888	1,065	23.5	67.4	9.1
1990	12,361	2,254	8,614	1,493	18.2	69.7	12.1
2000	12,693	1,847	8,622	2,201	14.6	67.9	17.3
2005	12,777	1,752	8,409	2,567	13.7	65.8	20.1
2010	12,806	1,680	8,103	2,925	13.1	63.3	22.8
2014	12,708	1,623	7,785	3,300	12.8	61.3	26.0
2020	12,274	1,320	7,364	3,590	10.8	60.0	29.2
2030	11,522	1,115	6,740	3,667	9.7	58.5	31.8

（注）　各年10月1日現在人口。
（出所）　総務省統計局『国勢調査』および国立社会保障・人口問題研究所「日本の将来推計人口 2006年12月推計」。

ない高齢者を想定しよう。その歩行限界の内部に日常的に消費する財を購入することのできる小売店舗が存在せず，かつ買物を支援してくれるコミュニティなどをもたない場合，高齢消費者は買物困難者となり，必需的消費の対象となる財の購入においてさえ不自由に直面する状況に陥ってしまう。この問題は，市場システムでは解決することの難しい外部不経済に起因するものであり，一定の政策的関与が行われる必要があると考えられる。

⌘ 消費水準

　第2次大戦によって日本国民の生活水準は極度に低下した。その後，戦後の復興期を経て高度成長期に入ると，生活水準は急速に上昇した。

　消費水準（物価変動の影響を除いた消費支出額を指数化したもの）の変動から，これを確かめてみよう。都市世帯の消費水準は，第2次大戦後には戦前（1934～36年）の半分近くにまで下落していたが，54年頃には戦前水準に回復したとみられている。それ以降の上昇は急速であった。消費水準は，1955年から75年の間に2.5倍となった。1975年の消費水準は戦前水準の3.0倍に達した。これを地域区分別にみると，都市では戦前の2.7倍，戦前にとくに消費水準の低かった農村では，同4.1倍に達している。

　高度成長は，1970年代前半に終わりを迎えた。その後の日本経済は，2度にわたるオイル・ショックや円高不況を経験しながら，安定成長を続けた。1980年代後半になると，バブルが発生

第6章　消費者と流通

し，消費も活発になった。しかし，1990年末には景気は減退を始め，10年を超える長期の不況に入って，消費も停滞から下降に転じた。2006年にようやく不況を脱したものの，08年にアメリカで発生した世界規模の大不況が消費を押し下げた。ちなみに，この平均的な動向と個別の部門の動向は異なる。

消費水準は，消費者が消費した金額を反映しているが，消費者の使える時間についてはどうだろうか。最近の日本人の生活時間を平均的にみると，労働時間の減少がみられていて，それは週休2日制が導入されていることが大きい。その一方で生活必需時間と余暇時間が増大している。生活必需時間の増大のうちには，食事を楽しんだり，長時間メイクをしたり，スマートフォンで情報検索や情報共有を行ったりといった余暇的な要素の増加も含まれ

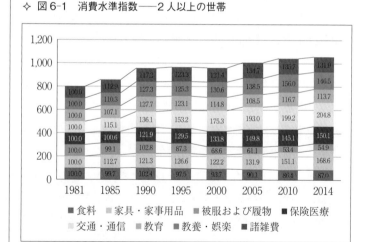

◇ 図6-1　消費水準指数——2人以上の世帯

（注）　消費水準指数（世帯人員分布調整済）は，月々の1世帯当たりの世帯人員別消費支出額を基準年の世帯分布で加重平均し，30.4日（365日÷12）の額に調整した後，これを消費者物価指数で除して実質化し，さらに，平成22（2010）年平均を基準として指数化したもの。なお，この図の作成にあたっては，高橋菜摘氏に協力いただいた。

ている。生活時間の変化は，消費水準の変化とともに，誰が，いつ，どこで，何を，どのようにして，どのような目的のために購買するのかに関わる消費様式全般に対して影響を与える。

⌘ 消費のサービス化

消費水準の上昇は，消費者の支出項目の内訳，つまり消費構造の変化をもたらした。そのうちの1つの特徴は，消費のサービス化である。消費支出の中に占めるサービス支出の割合は年々上昇傾向を示しており，1980年には全体の3割を超え，現在では4割以上に達している。

その背景では，いわゆる「**モノ離れ**」と呼ばれる現象が発生している。これは，所得水準・消費水準の上昇と比較して，財への支出の上昇率が低いことから生じている。サービス支出増加の具体的な例としては，生活の質をより高めるために利用されるスポーツ施設の入場料，文化的イベントの観覧・参加費用，習い事の

◇ 表6-2 消費支出の中のサービス支出の割合（全国，全世帯）

(単位：％)

		2014年収入階級別		
1970年	27.0			
1975年	28.3	年平均支出（円）		
1980年	32.7	財・サービス計	サービス	割合
1985年	34.8			
1990年	37.3	平均	3,147,255	1,311,844	41.7
1995年	39.8	Ⅰ	2,129,443	783,076	36.8
2000年	41.0	Ⅱ	2,626,446	1,016,450	38.7
2005年	42.6	Ⅲ	2,944,314	1,223,803	41.6
2010年	42.2	Ⅳ	3,504,484	1,519,695	43.4
2014年	41.7	Ⅴ	4,531,588	2,016,194	44.5

(注)　「こづかい」「贈与金」「他の交際費」および「仕送り金」は消費支出から除かれている。これらの項目は家計調査の回答者である家庭の主婦が支出内容を把握できない（2人以上，非農林漁家，世帯）。
(出所)　総務省統計局『家計調査年報』。

授業料などの費目への支出が挙げられる。それだけではなく,従来は家庭内で無償で行われていたサービスを家庭外から購入するようになったために増加しているサービス支出もある。クリーニングや家事代行などはその典型的な例である。外食費も,高度の調理や食事の雰囲気を求めるという要素とともに,家庭内の料理を省略するという機能を果たしている。

消費のサービス化は,純粋なサービスへの支出増加という形だけでなく,財の購入にも多分に反映されるようになっている。総菜,おにぎり,弁当など調理食品への支出において,購買対象となるのは有形財であるが,家庭での調理というサービスを外部化するという意味でサービス支出の側面も含まれているととらえることができる。パソコンやタブレット端末,スマートフォンなどの情報機器,キャラクター商品,あるいは高級ブランドの商品などは,有体の製品自体が消費の対象となるのではなく,それらがネットワークと接続していることで利便性が発揮されたり,製品の背景に埋めこまれた物語によってその価値が高められたりする。これらも有体財の消費のサービス化としてとらえることができる。

⌘ 消費構造の変化

消費構造の分析を行う際,財とサービスという分類だけでなく,必需的消費と裁量的消費(選択的消費)などの区分を設けて行われることが多い。その中で,伝統的に最も一般的に用いられていたものが食料費,被服費,光熱費,住居費,雑費という5大費目

による区分である。しかし,消費が多様化するにつれて雑費が半分近くを占めるようになったことから,費目を細分化してつぎの10大費目が用いられることになった。

◇ 表6-3 家計調査の費目とその財とサービスの区分

	財	サービス
1. 食 料	飲・食料品	外食
2. 住 居	設備材料	家賃地代,工事その他のサービス
3. 光熱・水道	他の光熱(灯油など) 〔電気代 ガス代 水道料〕	
4. 家具・家事用品	家庭用耐久財,室内装備品,家事雑貨,家事用消耗品,寝具類	家事サービス(家事使用人給料,清掃代,家具・家事用品関連サービス)
5. 被服および履物	和服,洋服,シャツ・セーター類,下着類,生地・糸類,他の被服・履物類	被服関連サービス(仕立代,洗たく代,被服・履物修理代,被服賃借料)
6. 保健医療	医薬品,保健医療用品・器具	保健医療サービス(診療代,入院料など)
7. 交通通信	自動車,自転車,ガソリン,自動車部品・用品,通信機器(電話機,ファクシミリ機器)	交通費,自動車整備費,他の自動車等関連サービス(駐車場賃借料,有料道路料,レンタカー料,自動車等保険料など),郵便料,電話通信料,運送料
8. 教 育	教科書・学習参考書	授業料等,補習教育
9. 教養娯楽	教養娯楽用耐久財(テレビ,パソコン,カメラ,楽器など),文房具,運動用具,玩具,フィルム,CD,草花,愛玩動物,園芸用品,書籍・他の印刷物	教養娯楽用品修理代,宿泊料,パック旅行費,月謝類,受信料,入場・観覧・ゲーム代など教養娯楽サービス
10. その他の消費支出	理美容用品,身の回り品(傘,かばん,装身具,腕時計,喫煙具)	理美容サービス(入浴,理髪,パーマネント,セット等),身の回り用品修理代
	〔こづかい(使途不明),交際費,仕送り金〕	

(注) 〔 〕は小売業と関連しない(ただしガス代のうちプロパンガスを除く)。なお外食はサービスに分類している。
(出所) 総務省統計局『家計調査年報』。

①食料,②住居,③光熱・水道,④家具・家事用品,⑤被服および履物,⑥保健医療,⑦交通通信,⑧教育,⑨教養娯楽,⑩その他の消費支出。

旧分類の5大費目への読み替えを行って,高次の集計水準から家計消費支出の構成の長期的傾向をみると,食料費の比率については,数値が激増した戦争直後から戦前の水準を大きく下回るようになったことがわかる。戦後直後に大きく落ち込んだ雑費の比率が,戦前水準を大幅に上回るようになったことも顕著である。なお住居費の比率が戦前より低下している背景では,持家比率が高まる一方で,住宅の購入代金やローン返済額が,消費支出に含まれていないためである。

表6-5は,1960年代半ばから現代にかけての長期的消費構造の変化を10大費目ごとに示している。消費構造は多くの要因によって変化するが,この期間に一貫した傾向を示した費目ととも

◇ 表6-4 消費構造（旧分類）の変化（消費支出全体を100.0%とする）

(単位：%)

	食料	住居	光熱	被服	雑費
戦前 (1935〜36年)	37.9	16.9	5.0	11.4	28.8
1948年	63.4	4.2	4.5	11.3	16.6
1950	57.2	4.5	5.0	12.1	21.1
1956年	42.9	7.2	4.9	12.6	32.4
1960	38.8	9.8	4.8	12.2	34.4
1965	36.3	10.5	4.5	11.3	37.4
1970年	32.4	11.3	3.6	10.5	42.1
1975	30.6	10.0	3.7	10.3	45.4
1980	27.8	8.9	4.7	10.2	46.0

(注) 都市勤労者世帯。統計の変更のため,横線の前後の年の厳密な比較はできない。
(出所) 1950年以前は一橋大学経済研究所編『解説日本経済統計』1961年,による。それ以降は,総務省統計局『家計調査年報』。

に，1990年あるいは2000年に傾向が変わった費目があること，あるいは費目の内容に異なった傾向を示す項目が含まれていることを読み取ることができる。食料費は穀類（米など）を中心として，家計消費支出全体に占める割合を低下させてきたが，近年は下げ止まる状態にある。外食の構成比は調理済み食品とともに急

◇ 表6-5 消費構造の推移（費目別構成比）（農林漁家と単身世帯を除く）

(単位：%)

	1965年	1980年	1990年	2000年	2010年	2014年
消費支出　計 （実額，千円）	100.0 (48.4)	100.0 (230.6)	100.0 (311.2)	100.0 (317.1)	100.0	100.0
食　　料	38.1	29.1	25.4	23.3	23.3	24.0
（穀類）	(8.8)	(4.0)	(2.9)	(2.3)	(2.2)	(2.1)
（魚介類）	(4.7)	(4.2)	(3.4)	(2.7)	(2.2)	(2.1)
（肉類）	(3.3)	(3.3)	(2.5)	(2.0)	(2.1)	(2.4)
（野菜・海草）	(4.8)	(3.7)	(3.2)	(2.9)	(2.8)	(2.9)
（外食）	(2.5)	(3.7)	(4.0)	(3.9)	(3.9)	(4.0)
住　　居	4.4	4.6	4.8	6.6	6.3	6.2
光熱・水道	5.0	5.7	5.5	6.8	7.6	8.2
家具・家事用品	5.0	4.3	4.0	3.5	3.5	3.7
（耐久財）	(1.9)	(1.5)	(1.5)	(1.1)	(1.3)	(1.2)
被服および履物	10.1	7.9	7.4	5.1	4.0	4.1
保健医療	2.5	2.5	2.8	3.6	4.3	4.4
交通通信	3.5	8.0	9.5	11.4	13.4	14.4
（自動車等関係費）	(1.0)	(4.1)	(5.2)	(6.2)	(7.5)	(8.3)
（通信）	(0.6)	(2.0)	(2.1)	(3.0)	(4.1)	(4.3)
教　　育	3.9	3.6	4.7	4.4	4.0	3.8
教養娯楽	7.1	8.5	9.7	10.1	11.0	9.9
（教養娯楽サービス）	(3.0)	(4.2)	(5.2)	(5.4)	(5.8)	(5.8)
その他の消費支出	20.4	25.8	26.3	25.3	22.6	21.4
（こづかい）	(6.8)	(9.1)	(8.9)	(6.9)	(4.5)	(3.6)
（交際費）	(6.9)	(9.3)	(9.6)	(9.4)	(8.2)	(7.7)
（仕送り金）	(1.3)	(2.0)	(2.4)	(2.9)	(2.2)	(2.1)

（注）「1世帯当たり年平均1か月間の支出」の時系列表により，構成比を産出した。（　）の項目は内数の一部である。
（出所）総務省統計局『家計調査』（算出は筆者）。

激に増加したが，その後は安定した数値となっている。家具・家事用品費と被服および履物費は，住の一部と衣に関する消費支出を代表する項目であるが，その構成比は，長期的な低下傾向を示している。

保健医療費の構成比上昇は，人口構造における高齢化を反映するものである。教養娯楽費についても，同様の傾向がみられ，これは自由時間の増加，**ライフコース**の多様化，高齢者の**QOL**（quality of life）指向，少子化による教育への傾斜消費といった多層的な消費変化の影響を受けている。

自動車等関係費の比率の上昇は，モータリゼーションの普及によるものである。近年，急速に構成比を高める通信費は，1990年代以降の携帯電話の普及，2000年代半ばからの情報化社会の進展にともなうスマートフォンやタブレット端末，パソコンなどを用いた通信の一般化を受けてのものである。

これら一連の消費構造のパターンやその変化のあり方は，世帯の構成や**ライフステージ**上の位置，あるいは世帯構成員が属するコーホートなどによって異なる。例えば，高齢者世帯では被服および履物，交通通信，教育の比率が小さく，食料費でも和食中心型の食事になっており，外食の比率も小さい。

この例にもみられるような消費構造の変化は，流通の客体となる財の構成比，ひいては業種の構成比に影響する。流通のあり方を規定する消費構造の変化には，つぎのような要因が働いている。

① 所得水準の上昇　　所得の増加にともなって消費支出の増

加がみられる場合でも，その増加率と各品目の消費の増加率の関係は一様ではない。その関係は各品目の消費の支出弾力性として算出される。**エンゲルの法則**で知られるように，食料費のそれは1以下であり，所得水準が高く，総消費支出が大きくなるほど，その構成比が低下する。

　②　価格の変動　　価格が低下すると，消費者の需要の総量は増加する。古典派経済学の需要の基本法則である。ある品目の需要の変化率を価格の変化率で割ったものが需要の価格弾力性である。生活必需品の場合には需要の価格弾力性は小さい。一方で，次項でふれるような消費者が特定ブランドに固執する程度，つまり**ブランド・ロイヤルティ**（brand loyalty：銘柄忠誠）が高い場合にも需要の価格弾力性は小さくなる。

　③　生活様式の変化　　明治期以降の日本において生活の洋式化や折衷化が進行していることからもわかるように，生活様式の変化は継起的・継続的な現象である。かつて，百貨店は「消費の殿堂」と呼ばれ，ショーウィンドーのディスプレイによって，新しい生活様式を伝播させる役割を果たした。上流階級の生活様式や先端的な消費生活のあり方が，滴り落ちる（trickle down）ように，社会全体に広がっていくという考え方である。**顕示的消費**（conspicuous consumption）は，元来，上流階級に属する人びとが社交界において妻や娘にきらびやかな衣装や装飾品を身につけさせ，経済力を見せびらかす行為を行っていたことに起源をもつが，現代では社交の場だけではなく，各種のメディアや日常の生活世

界において見聞する他者の生活様式が，人びとの生活様式に影響を与える役割を果たしている．

滴り理論や顕示的消費は，上流階級から大衆へという生活様式の伝播を前提とした考え方であるが，経済が成熟化し，消費の多様化が進んだ現在では，ストリート・ファッションやサブカルチャーが生活様式の変化に寄与するなど，「水しぶき型」(trickle up) と呼ばれる生活様式の変化パターンも顕著になっている．

④　新製品の出現　　消費構造の変化は，商品を生産する産業の盛衰に影響を与える．一方，企業が新製品を開発し，広告などの強力な販売促進によって消費需要を刺激し，消費構造の変化を促進するという側面もある．J.K.ガルブレイスは，『ゆたかな社会』の中で，生産の増大に対する消費の増大は見栄や見せびらかしを通じて欲望をつくり出すように作用するとした．これは，生産が自らの需要をつくり出しているという意味であり，需要が生産に依存する性質を示している．これを「**依存効果**」という．

⑤　保有量調整　　1家に1台のテレビというように，消費者ごと品目ごとに，望ましい保有量の水準があり，消費者はその水準を維持するように行動する．テレビが使用可能なうちは新たに購入しないが，使用不能になると「買替え」購入を行う．しかし2台目のテレビを「買増し」購入しようとすることは，テレビを所有しない世帯が「新規購入」することとともに，保有量の水準を高めることになる．

⑥　習 慣 形 成　　ある商品を消費した経験のある者は，そう

でない者に比べてより多く，その商品を購入する。このように過去の消費が心理的な習慣として残り，消費支出に影響することを「習慣形成効果」と呼んでいる。

⑦ そ の 他　消費支出には，天候に左右される費目がある。冷夏や暖冬などは，冷房・暖房機器や光熱費，さらにはレジャー関連に対する支出に影響を与える。政府による規制の緩和や強化，租税の増減なども消費支出に影響を与える。

⌘ 商品・ブランド（銘柄）選択と消費価値

ここでは，購入する商品の選択と買い物場所の選択という2つの次元から消費者の買物行動について考察しよう。

1950年代から70年代初めにかけての高度成長は，所得水準・消費水準を高めるとともにその平準化をうながした。これと並行してマスコミが発達したことで，広告情報を通じて人びとが類似した消費欲求を抱くことになった。これは他の人びとと同じようでありたいという，人並みの平均的な生活に対するあこがれ，つまり追従欲求が強く働くようになったことを示している。

こうした傾向の出現には，商品の供給側にも要因があった。技術革新を通じて新製品や新たな生産方法が開発され，規格化された製品の大量生産による生産原価の切り下げが可能となり，より安価に商品が供給されるようになった。しかも製造業者（時に卸・小売業者）は製品の差別化を図り，有標化を行い，大量の広告投下，販売経路の組織化と販売員などによる説得を通じてブラ

第6章　消費者と流通

ンド・ロイヤルティを高めようと試みた。

　しかし，所得水準がさらに高まり，基礎的な消費が満たされてくると，人並みでは満足しない消費者が増してきた。他人と同じ生活をいやがり，独自の生活を楽しみたいという気風は，規格品を好まず，稀少性の高い製品を選好し，さらに自らの創造的欲求を満足させるような生活とそのためのパーツの購入にたとえられる消費の傾向を生み出している。こうして消費者の独自性が高まり，消費の個性化が進む。消費の個性化とは，消費者間の消費内容の多様化である。

　消費の個性化が進むことによって，消費者は自身の価値観やライフスタイルを個々の品目の購入にもあてはめようとする。こうしたことから，一見すると矛盾すると思われるような行動の組合せも，各人が行った選択の結果であり，個性の反映物としてとらえることができる。追従欲求に従った消費では社会の中での同調が重視されるが，個性化した消費においては，その影響が弱まり，個人による差異化への力が強まるのである。

　経済が成熟化する低成長時代においては，将来に対する不確実性が高まる一方で，相対的な所得の伸びも顕著に鈍化する。このことは，多様な次元において，消費のあり方を変化させる。所得の減少や金融資産の目減りは，消費者の価格指向を強め，少しでも安いものや維持費の少ない製品の選択をうながす形で倹約型の消費を生起させる。低成長経済下における持続可能性指向は，資源の有効活用の重視につながるため，環境抵抗の少ない製品や包

装が選好される合理化の傾向を生み出す。所得の伸びの低下は，実際の消費生活の水準である生活水準と理想の消費生活イメージとして描かれる生活標準との間のギャップを小さくする効果をもつ。消費に対する意欲は低下し，不確実性に備える形で貯蓄性向が高まる現象を顕著化させる。これは，消費の潜在化と呼ばれるものである。

　しかしながら，こうした側面での消費縮小傾向にとどまらず，成熟経済における消費では，個々の消費者が選択した特定の生活側面での傾斜消費性向が高まる点も指摘される。自分のしたいことや本当に欲しいものに対して，思い切った支出もいとわない品質指向や本物指向が，これに該当する例である。さらには，品質指向と価格指向という，従来は二律背反的にとらえられていた消費の指向を同時に叶えたいと願う消費者の増加も顕著となっている。こうした消費者の存在は，近年の小売流通における形態革新をうながす要因として，流通のあり方に大きな影響を与えているといえる。

　消費者の時間の使い方とそれに関連した商品選択においても，消費行動が二極化する傾向が表れている。中食(なかしょく)の活用によって日常的な調理時間の節約を図る例にみられるような生活の簡便化が指向される一方で，休日にはこだわって買い揃えた食材や調味料を用いて手作りの料理を時間をかけて楽しむという対照的な行動が組み合わされるような状況からも，この傾向をとらえることができるだろう。それだけでなく，簡便化が指向される消費の場

において手作り指向の側面が付加されたり，消費欲求の成就にあえて時間をかける文脈においても部分的な合理化指向が融合されたりするケースが顕著となっている。これも，品質指向と価格指向を同時に実現させようとする消費行動と相通じるものとして解釈することができる。

⌘ 店舗選択と商業集積の選択

通信販売や訪問販売を用いて自宅等にいながらにして購入する場面を除いては，通常，私たちは，商品を入手するためにその買物場所となる店舗や商業集積に買物出向する必要がある。買物場所の選択基準は多様である。①立地が便利である（所要時間，距離，交通機関，駐車場など），②品揃えが好ましい，③価格が妥当である，④販売促進やサービスが適切である（店員の接客，広告，配送，信用販売など），⑤店舗が快適である（配列，装飾，陳列の魅力，顧客の階層，店内の混雑度）などが基準となる。商業集積の選択においては集積全体についてのこれらの基準のそれぞれとその総合的な評価が用いられる。これらは**小売ミックス**（retailing mix）と呼ばれる。

このような諸基準のそれぞれの重要性は，買物によって解決すべき問題によって異なる。例えば，家族との日常的な夕食の準備をするための買物なのか，それとも友人の結婚式に参列するときに着るスーツの購入なのか，といった買物の文脈によって，重視される評価基準は一様でない。性別や年齢，居住地域，職業ある

いは所得といった消費者の属性、そして買物出向の手段（自動車、電車、自転車、徒歩など）に代表される生活様式も、適切な買物場所の評価基準を多様化させる。また、消費者は買物の場面ごとに利用可能な買物場所についてのイメージをもっている。そうしたイメージは、過去の買物経験やそれ以外の目的による出向経験を用いた比較対照、種々のメディアを経由して接触する情報などをもとに形成されたり、修正されたりする。

　特定の小売店舗や商業集積を構成する各々の店舗において、ターゲットとする消費者の欲求により効果的に対応するために小売ミックスの調整が行われ、それが消費者に訴求されることによって、消費者が買物場所に対して抱くイメージが変容したり、再構築されたりすることもある。

　このように、その対象が個別の小売店舗である場合においても、商業集積である場合においても、消費者が買物を通じて解決を図る問題の特性と、消費者の属性によって規定される評価基準に最も適合した小売ミックス上のイメージをもつと知覚される買物場所が、選択されることになる。これらについての詳細は、第9〜11章において、小売業者による消費者欲求への対応を検討する中で学ぶこととする。

✥ 買物行動と消費財の分類

　消費財の流通、とりわけ小売段階における流通の状態は、財の種類によって異なる性格をもつ。それを消費者の買物行動の特性

から類型化したM. T. コープランドは，つぎの3つの分類を設けた。

① 最寄品（convenience goods）　消費者が買物にあたって最小限の努力しか払おうとしない消費財である。つまり，**探索性向**の低い商品である。この種の商品は一般的に安価で購買頻度が高く，比較選択などに時間をとらず，即座に入手することを望む商品である。したがって，買物にあたっての便宜性が重視され，目当ての商品が店頭に品揃えされていない場合には代替品の購買ですませるような商品である。日常生活用の食料品，石鹸，洗剤，風邪薬などが代表的な例である。

② 買回品（shopping goods）　この種の商品では，消費者は買物出向前に購入する商品を特定することができていないため，探索行動を通して複数の商品の品質やデザイン，価格などについての情報探索と実際に気に入った商品が在庫されているか否かについての在庫探索を行う。このプロセスからもわかるように，買回品においては，一般的に探索性向は高い。探索の結果，選好マップが形成される。**選好マップ**とは，考慮集合に含まれる商品の大雑把な順位づけのことである。選好マップに基づいて，特定の商品の購入が決定される。こうした買物行動があてはまる代表的な商品カテゴリは，家具や婦人服，カジュアル・ウェア，バッグなどである。

③ 専門品（specialty goods）　消費者が買物に出向する前にすでに購入対象となる（ブランドの）特定の商品が確定していて，

その商品を購入する小売店舗も決まっているような商品を専門品という。買物に出かける前に選好マップが形成されているということである。このタイプの商品では、他の商品で代替することができないため、消費者は買物出向に際して長時間・長距離の移動を行うなどの努力を払うこともいとわない。競技指向でスポーツに取り組む人びとが使用するスポーツ用品やオーケストラの奏者が演奏のために使う楽器などが、代表的な例である。

　ここでも示したように、一般に飲食料品は最寄品、衣料品は買回品であると理解されているが、これがすべての場合にあてはまるわけではない点に注意する必要がある。例えば、特別な食事を作るための食材を購入するときには、消費者が買回品の買物行動をとることがある。贈答品として和・洋菓子を選ぶ際には、買物出向前にすでに特定の製造小売業者の店舗で、どのような商品を購入するかについても決定していることがある。専門品の買物行動である。衣料品についても、日常的に使用するソックスなどの買物では、最寄品の買物行動がとられることが多い。

課題

1) 消費者の権利が尊重され、守られる必要があると考えられるようになった背景について、近年みられる現象なども考慮したうえで議論しなさい。また、消費者の権利の保護とともに消費者の責任の重要性が指摘されるようになったのはなぜか、説明しなさい。

2) 消費者の住所や勤務・就学場所は，流通のあり方にどのような影響を与えるだろうか。また，消費者の生活様式（ライフスタイル）が変化することで，流通のあり方はどのように変わっているだろうか。身近な例をもとに考えてみよう。
3) 消費のサービス化現象と本書の第5章で学んだ機能分化と統合の視点（自分で遂行するか，あるいは他者に委託するか）の共通点について，身近な経験を踏まえて考えてみよう。
4) 買回品を購入した際の買物出向の経験を思い起こし，「探索性向」と「選好マップ」の概念を踏まえて，その特徴を整理し，最寄品や専門品の購買時の買物出向のそれと比較してみよう。

第7章

生産者と流通

⌘ 生産者にとっての流通の意義

　消費者の生活にとって財を購入することが不可欠であるように，財の生産者にとっては生産物の販売は不可欠であり，また生産のための産業財（機械・設備と原材料など）の購入についても同様である。

　生産者は，資本を基礎に，労働力とそれら産業財を技術によって結合して財を生産する。そこで生産される財は，原価に利益を付加した価格で販売されて初めて投下した資本が回収されたことになり，生産の目的が達成され，さらにより大規模な生産活動の

◆ 本章で学ぶこと
　生産者は財の生産に必要な原材料や機械・設備の購入に関して，そして生産した財の販売において，流通機構と深い関わりをもつだけでなく，生産した財の最終的な販売までも管理の対象とするにいたっている。

ために資本が投入される。

しかし、生産された財が必ずしも販売されるとは限らず、また想定された価格で販売される保証はない。それらをより確かにすることが生産者にとって努力すべきこととなる。

⌘ 小規模生産者と問屋制度

小規模な生産者による生産活動は、産業革命以前から続けられてきた。周辺の消費者を直接の対象とした生産、とくに注文生産では販売の問題は少ない。しかし遠隔地への販売となると、小規模な生産者が直接行うことは困難なので、市場の情報に精通し、資金力をもち、危険負担をする商人に依存せざるをえない。そして商人に依存することにより販売の機会を増加させた。

江戸時代の日本の農村における養蚕、綿花、菜種、煙草、砂糖、ろう、などの商品作物（商品として販売されることを前提として生産される作物）の生産においても、作物の販売のみならず、資金の借入、種子・肥料の購入などで商人への依存がみられた。漁村における遠隔地向けの塩干物、昆布などの生産の場合にも商人の介在が不可欠であった。同様に各地の特産物となった絹織物、麻織物、綿織物、陶磁器、漆器、和紙、薬、金属器、刃物などの生産においても、生産工程ごとに分業化した手工業者を産地問屋が組織化し、製品企画、原材料購入、道具の貸与などを行った。いわゆる問屋制度（問屋制家内工業）の成長である。

これらの産地のうちには今日まで存続しているものもある。明

治以降に発生した産地の生産者の間でも，同様に卸売業者（問屋）の組織力のもとにあって，販売を問屋に依存するものがある。メリヤス産地などにその例がみられる。また，これらの伝統的な在来産業や新興の中小工業の製品のうちには，輸出工業として成長していったものもある。その場合にも商人である輸出業者が輸出業務を行うばかりでなく，国外の取引先の探索，販売促進，金融，危険負担から製品企画などをも担当した。また，成長してきた大規模な小売業者である百貨店が，産地の卸売業者と同様の立場で，消費財の生産者を従属させ，独自商品の調達を行うこともあった。

　上記のような卸売業者と生産者の関係には変化が生じた。第1次大戦（1914〜18年）後の不況期に，金融能力の低下した卸売業者に銀行など金融機関が代位するようになった。また，重要輸出品工業組合法（1925〔大正14〕年）は，中小工業者の組織化をうながし，問屋の支配力を弱めた。農村では，産業組合（今日の農業協同組合）が購買・販売事業も活発化させ，商人の力を弱めていった。とくに生産者自身の成長が変化をもたらした。

⌘ 生産者の大規模化と流通への介入

　生産者がより大規模化してくると，その製品の流通に主体的に関与するようになる。大規模化し，大量の資本を投入して生産設備を固定化して大量生産体制を確立する中で，激しい企業間競争に直面した生産者は，需要に応じた製品の開発とともに，最終の

消費者・産業用使用者の手に渡るまでの流通全般についての関心をもたざるをえなくなった。

日本でもすでに明治末年（1910年代）には，化粧品，医薬品，飲食料品の製造業者による新聞広告がさかんに用いられ，新製品の発売に利用されていた。また，大正末期から昭和初期にかけて，卸売部門や小売店を組織化する事例が化粧品や菓子の製造業者にみられ，差別化された経路に排他的に商品を流通させ，安売りを禁止して小売価格を維持するなどの契約が結ばれた。

しかし，日本で大規模な製造業者が製品の開発から最終消費にいたるまでの流通過程を本格的に管理しようとしたのは，第2次大戦の復興期が終わった1950年代に入ってからのことであった。アメリカで20世紀初頭から発展した**マーケティング**の考え方や技法が，いっせいに導入された（アメリカでマーケティング〔marketing〕というときは，社会的な側面と個別企業の活動の側面の両面を意味しているが，日本では，社会的な側面は本書で用いているように流通という用語を用い，マーケティングというカタカナ表記は個別企業の活動に限定して用いるのが普通である）。

この時期にマーケティングが日本で広く定着し始めたのは，高度成長期を迎え，生産・消費の両面において大きな飛躍があったからである。すでに前章において学んだように，その頃，消費水準は戦前水準を超えて上昇し，所得の平準化もあいまって，消費は量・質ともに拡大し，やがて個性化し，多様化した消費市場が展開した。

生産面では技術革新が進展し，自動化された生産設備から規格化された製品が大量生産された。家庭用電気機械器具，自動車，合成繊維，プラスチック製品と，重化学工業化が消費財にも浸透した。しかも独占禁止法（1947年）が制定されて，企業間の競争制限的な協定は禁止されている。したがって，大量の製品をより確実に販売することが企業に課せられた大きな課題となった。そのため，既存製品をいかに販売するかということよりも，消費者を細分化して標的を定め，その消費者の欲求を充足することから出発する消費者（顧客）志向が重要視されるようになった。

⌘ 企業の経営戦略とマーケティング管理 (図7-1)

　財を生産する企業は，企業の目的を実現し，社会的使命を遂行することを通して，永続的発展を図っている。

　しかし企業を取り巻く政治的，経済的，社会的，文化的，技術的環境は，予想できない激しさで変化している。その中で，企業の発展を図るためには，一方で，環境諸要因（とくに顧客層，顧客の需要，他企業との競争）を分析しなければならない。環境諸要因は企業にとってコントロール不可能であり，不確実であって，しかもその絶えざる変化は企業に影響を及ぼすからである。それとともに，他方では，企業が環境変化に対応するために活用できる企業内の経営資源（人材，施設・設備，資金，情報・技術）を確認しなければならない。つまり，どの顧客の，どのような需要に，他の企業と競争しながら，対応するか，あるいは対応できる

か，という**企業戦略**を決定するのである。

企業戦略にはつぎのような例がある。

① **総合的優位戦略**　従来から有力であった部門の優位性を確保しながら，弱体の部門を強化して，家庭用電気機械器具部門とか家庭用日用品部門といった広い部門で総合的な優位性を確保

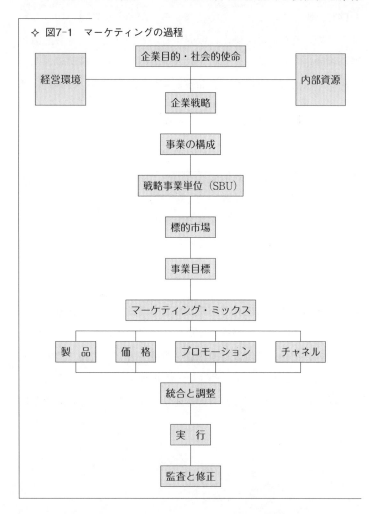

◇ 図7-1　マーケティングの過程

する戦略をいう。

② **多角化戦略**　従来からの事業部門の成長の鈍化から，新規事業分野に進出する戦略である。綿糸紡績業から合成繊維に進出するというように同種の製品・市場に進出する水平的多角化，布地の生産から衣服の生産へというように前方へ，あるいは布地の生産から糸の生産へと後方へと進出する垂直的多角化，石炭鉱業から観光事業へというように製品・市場が異なる異質的多角化がある。企業内で多角化する場合と，他企業との合併あるいは買収による場合がある。

③ **追随戦略**　先行企業の戦略に確実に追随しながら，一部では優位に立てるようにする。

④ **ニッチ戦略**　競争企業が進出しない小規模な市場に特化し，その部分だけは確実に確保する。

このような企業戦略を考える場合に注意しなければならないのは，多くの企業が複数の事業を営んでいることである。企業の中で，独立して1つの事業を営む単位を**戦略事業単位**（strategic business unit: SBU）と呼んでいる。それぞれの戦略事業単位が対象とする市場の現在の規模や，今後の成長性・収益性などの魅力度には差があり，また，その単位がもつ市場占有度，価格競争力，製品の品質，知名度などの競争力にも差がある。そのため1つの企業としては，どの事業に投資をしていっそうの成長を図り，どの事業は撤退の方向に向かわせるかといった事業の組合せについ

ての戦略をもたなければならない。これをポートフォリオ（portfolio）戦略という。

企業戦略において不可欠であり、その中心的な地位を占めるのが**マーケティング戦略**である。マーケティング戦略は、企業（戦略事業単位に分割できれば、その各単位）が、販売の対象とする市場セグメント（市場細分化：market segment）（全体の市場を、各種の基準で細分化したもののうち、標的とする市場）において、販売量、売上高、利益額などによって表された事業目標を実現するためにとられる諸活動の最適の組合せを計画することである。そしてその計画にそって具体的にマーケティング活動を組織し、実行し、統制することをマーケティング管理とする。

マーケティングの諸活動の組合せを**マーケティング・ミックス**（marketing mix）と呼ぶ。その諸活動をここでは、①製品政策（product）、②価格政策（price）、③プロモーション政策（promotion）、④チャネル政策（place）に分けることにする。

⌘ 製品政策

(1) 製品ライフ・サイクル

新製品が市場に導入されてから、次第に普及し、やがて代替製品の出現などによって市場から姿を消すまでの過程を製品のライフ・サイクル（product life cycle：PLC）という（図7-2参照）。その過程は短期のものから長期にわたるものまで多様である。その過程をここでは5段階に区分するが、すべての場合に5段階を

経過するとは限らず，第1段階の途中で姿を消すものもある。

① 導入期　製品の効用が認められていない時期であるから，製品そのものを周知させる必要がある。競争企業はまだ少数であるが，研究開発費や販売促進費を要するうえに，操業度が低く，利益率は低いか赤字になる。

② 成長期　製品が認められ需要が増大する時期である。競争企業が出現する。操業度は高くなって，利益率はこの期の終わりに最高に達する。

③ 競争期（成長後期）　競争企業間の市場占拠率拡大競争があり，脱落企業も生ずる。販売促進費が増加するとともに価格が低下し，利益率は低下に向かう。

④ 成熟期　新規需要が少なく，耐久財ならば買替需要，非耐久財なら反復需要が大部分となる。市場の維持が目標となるが，上位企業により集中することが多い。

⑤ 衰退期　代替製品が出現したり，生活慣習が変化したりして需要全体が低下し，操業度も落ち込みをみせる。採算がとれなくなり，生産を停止する。

製品の改良，新しい用途の発見，新しい市場の開拓などで衰退

◇ 図7-2　製品のライフ・サイクル

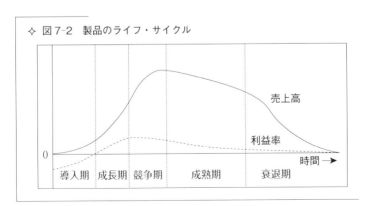

に向かうことを防止することが可能な場合もある。しかし，衰退を止めることが容易でない場合は多い。

(2) **新製品開発**

個々の製品にライフ・サイクルがあることから，企業としての存続を図り，発展するためには異なったライフ・サイクルの複数の製品をもたなければならない。それも同一の製品系列の中での異なった製品，例えば排気量の異なった乗用車の組合せや，高級なプロ仕様のカメラと一般向けカメラといった同種カテゴリの系列だけでなく，異なったカテゴリに属する製品，例えば繊維製品と化粧品，自動車と住宅などを生産することが増加している。

新製品の開発は，①市場や技術に関連したコンセプトとアイデアの創出に始まり，②それを企業目的や企業の有する資源との関連で検討し，③スクリーニングを通過したものを事業面から評価し，潜在的な危険と利益とを慎重に分析する。④つぎに研究開発部門で試験的に生産し，⑤テスト・マーケティングを行って市場の反応を確かめ，マーケティング・ミックスを検討し，⑥商品化に踏みきり，設備投資を行って大規模生産を始める，という過程を踏む。

アイデアが生まれても商品化まで達する場合はごく一部であり，また新製品の市場での失敗率は高く，また成功してもライフ・サイクルが短命に終わる可能性も大きい。

(3) **商標（銘柄，ブランド）**

商標は，特定の生産者や商業者が自己の商品であることを示す

文字，図形，記号，またはこれらの統合であり，さらに色彩とも結合される。商標は買手に対してその商品を保証することを目的として付されるが，さらに競争商品に対する差別化を図り，消費者の選好を獲得することに重点が置かれるようになった。商標は商標法に従って登録すれば専用権が得られる。2015年の改正商標法の施行によって，これまでその対象とされてきた文字，図形，記号などの有形要素に加えて，音や色彩，動きなども登録の対象となった。

生産者の付した商標で，全国的に広告・宣伝され，同一形態で全国的に流通するものをナショナル・ブランド（national brand：NB）という。一方，卸売業者・小売業者の付した商標をプライベート・ブランド（private brand：PB）と呼ぶ。また，乗用車や化粧品の事例にみられるように，企業の製品全体に共通の総合商標（企業ブランド：corporate brand）と，個々の品目に用いられる個別商標（製品ブランド：product brand）が区別される場合もある。

⌘ 価格政策

価格は広義の品質とともに買手が商品を選択する基準の中心をなしているが，品質の比較が必ずしも明瞭でないのに対して，価格の比較は明瞭である。

市場内の生産者が多数で製品の品質の差が少ない場合は，生産者にとって価格は外から与えられるもの，つまり市場において需

要と供給の関係で決定されるものであり、そこで決定された相場に従わざるをえない。

製品が差別化されていて買手の好みがある製品を指向すると、限られた範囲内では他の製品と無関係に価格を設定することが可能になるが、ある範囲を越えて高く設定すると代替製品に振り替えられてしまう。また少数の大企業のみが存在する寡占の場合は、価格は硬直化し、暗黙の協調のもとに統一的な価格が維持され、最初に価格を設定する企業(プライス・リーダー)と追随する企業(フォロアー)に役割が分かれる場合がしばしばみられる。

(1) 価格を決定する場合に考慮すべき要因

① 原　　価　　原価を基準に価格を決定すれば利益が確保されることになるが、原価のある部分は販売量によって変動するので問題が残る。このような費用は変動費と呼ばれる。一方、生産量や販売量の変化とは関係なく、一定額が発生する費用は固定費という。

② 競争商品，代替商品の価格　　後発商品であれば、原価がどれだけであるのかにかかわらず、先発の競争商品の価格を基準にしなければならない。代替商品が存在する場合も同様である。

③ 需　　要　　一般的には、価格が安いほど需要量が多いということを基準にして価格を決める。ただし価格に対する需要量の変動は、事後ならばともかく、事前には予想に頼らざるをえない。また、心理的価格として、消費者の心理と価格との関係がとらえられており、名声価格(商品の品質が明瞭でない場合には有

名品は高くても購入し，また，高い商品は品質が良いだろうとする），慣習価格（商品によって消費者が慣習的に認める価格があり，安くてもそれほど需要量は増加しないし，高くすると売上は著しく減少する），端数価格（298円といった端数価格は300円よりも売上を伸ばすという），（狭義の）心理的価格（消費者が価格差を認めない範囲で高くつけ，2300円でも2500円でも消費者にとって差がないとすると2500円にする）などの価格決定法がある。

(2) 新製品の価格決定の方法

① 上層吸収価格政策（skimming price）　販売量が少ないう

◆ もう一歩考えてみよう：　流通系列化と再販売価格維持

　化粧品の製造業者の資生堂が「資生堂化粧品連鎖店」制度を発表したのは1923年である。同社と連鎖店加盟店との契約書には「全部必ず定価通り販売」することが約束されており，他の項目とともに履行しない場合は連鎖店契約を解除されることも契約されている。当時の化粧品流通においては値引競争がさかんに行われ，有名銘柄品はおとり商品となっており，小売店にとっては販売しても赤字となり，無名品や雑貨の販売で利益を得ていた。そのためこの定価販売を行うことによって，適正利潤を得ることができることが目標とされた。1934年になると全国に51の子会社の販売会社，その統制のもとに卸売をする600ほどの業者，そこから商品の供給を受ける約7000の小売店が組織された。

　1947年に制定された独占禁止法ではこの再販売価格維持は禁止されたが，化粧品関連業者などの運動の結果，1953年の独占禁止法改正によって一定範囲で許容されるようになり，著作物と指定商品（当初は9品目）に限り再販売価格維持が認められた。指定商品については，安売り店によって近隣の販売業者が打撃を受け，また生産者にとっても商品の信用が害され，あるいはイメージが損なわれることが理由とされた。著作物については，その文化的意義から，文化水準を維持するために必要とされた。

　しかし1960年代になり物価の高騰が問題になると，この制度が価格を上昇させ，消費者の利益を阻害することが問題とされ，競争を促進するために指定商品が減らされた。さらに1997年になると，著作物を除いて廃止された。

ちは単位当たり生産費が高く，しかも高くても購入する人が存在するので，まず高い価格を設定し，需要の増加，生産費の低減とともに価格を下げる。

② **市場浸透価格政策**（penetration price）　安ければ大量に販売でき，大量に生産すれば単位当たり生産費が下がることを想定して，当初から大量生産し，安い価格で売り始める（ただし，その想定は確実ではない）。

なお，生産者がその製品についての小売価格を小売業者に守らせる制度を再販売価格維持制度という。新聞，書籍，CDなど少数の例外を除き，独占禁止法で禁じられている（第14章参照）。したがって，小売価格を安定させるための諸活動や，環境変化にともなう価格の改定なども価格政策の領域となる。

⌘ プロモーション政策

プロモーション（販売促進）政策は，人的販売，広告，パブリシティ，販売促進（狭義）といった活動を計画し，実行していかなければならない。どのような活動を選択するかによって，プッシュ政策とプル政策に分けることができる。

プッシュ政策は，生産者が卸売業者を対象とする販売員活動に力を注ぎ，それを信用供与などで補強し，さらに卸売業者が小売業者に，そして小売業者が消費者に同様の積極的販売を行うことを期待する。消費財では，最寄品より高額な買回品や専門品に適

しているが，消費財よりも，卸売業者から産業用使用者に販売する産業財に適している。

これに対して**プル政策**では，消費者に対して大量の広告を用いて直接に働きかけ，自社の製品に対する選好を生じさせる。その消費者が小売業者にその製品を取り扱わせることになり，さらに小売業者が卸売業者にその製品を取り扱わせることになる。この政策は大量に，高頻度に消費者が購入する最寄品により適している。

(1) 人 的 販 売

人的販売は販売員による口頭の情報伝達である。対面の情報伝達であるから，初めて購入する人を対象とするか，あるいは商品知識を十分にもった消費者を対象にするかというような買手の事情，買手の心理に応じた弾力的な伝達が可能である。買手を探索し，製品の価値を納得させ，さらに交渉し，説得する。販売員はこの情報伝達の職務以外に，受注，配送，集金，市場についての情報の収集・伝達などの職務もあわせて行うことが多い。

販売員のうちには宣伝販売員（ミッショナリー・セールスパーソン）と称せられる者がいる。彼らは製造業者に雇用されていて，小売業者や産業用使用者などを訪問して，製品についての情報を伝達し，説得するが，売買契約は行わずに卸売業者などにまかせる（病院を巡回し，新薬情報を伝える製薬業者のセールスパーソン〔MR：medical representative〕はその例である）。

第7章 生産者と流通

(2) 広　告

広告は人間以外の媒体を有償で使用して，製品に関する情報を伝達し，需要を喚起する。時には商品を提供する企業そのものに対する好意を増すために行われる。

広告媒体としては，印刷媒体である新聞・雑誌，電波媒体であるラジオ放送・テレビ放送からなるマス媒体があり，さらに直接に配布される文書，パンフレット，カタログなど（見込客に送付

◇ 表7-1　媒体別広告費

	広告費（億円）			構成比（％）		
	2013年	2014年	2015年	2013年	2014年	2015年
総広告費	59,762	61,522	61,710	100.0	100.0	100.0
マスコミ4媒体広告費	28,935	29,393	28,699	48.4	47.8	46.5
新　　聞	6,170	6,057	5,679	10.3	9.8	9.2
雑　　誌	2,499	2,500	2,443	4.2	4.1	4.0
ラ ジ オ	1,243	1,272	1,254	2.1	2.1	2.0
テレビメディア	19,023	19,564	19,323	31.8	31.8	31.3
地上波テレビ	17,913	18,347	18,088	30.0	29.8	29.3
衛星メディア関連	1,110	1,217	1,235	1.8	2.0	2.0
インターネット広告費	9,381	10,519	11,594	15.7	17.1	18.8
媒 体 費	7,203	8,245	9,194	12.1	13.4	14.9
広告制作費	2,178	2,274	2,400	3.6	3.7	3.9
プロモーション・メディア広告費	21,446	21,610	21,417	35.9	35.1	34.7
屋　　外	3,071	3,171	3,188	5.1	5.1	5.2
交　　通	2,004	2,054	2,044	3.4	3.3	3.3
折　　込	5,103	4,920	4,687	8.5	8.0	7.6
Ｄ　Ｍ	3,893	3,923	3,829	6.5	6.4	6.2
フリーペーパー，フリーマガジン	2,289	2,316	2,303	3.8	3.8	3.7
ＰＯＰ	1,953	1,965	1,970	3.3	3.2	3.2
電 話 帳	453	417	334	0.8	0.7	0.5
展示・映像ほか	2,680	2,844	3,062	4.5	4.6	5.0

（注）　2014年より，テレビメディア広告費は「地上波テレビ＋衛星メディア関連」とし，2012年に遡及して集計。
（出所）　電通「日本の広告費」(http://www.dentsu.co.jp/knowledge/ad_cost/2015/media.html，2016年9月20日アクセス)。

するものをダイレクト・メールといい，新聞とともに配布するものを新聞折込広告という），屋外広告としてのポスター・看板・街頭放送などがある。マス広告は不特定多数の対象者に同時に情報を提供するのに適している。近年，インターネット広告の利用が進んでおり，広告媒体としての重要性が高まっている。インターネット広告は，日本の広告費においてシェアを高めており，マス広告とは対照的に，セグメント化された対象に向けた情報伝達に優れている。しかし，販売員に比して説得力は弱い。

広告は，目的によって企業広告と製品広告に分けられる。企業広告は企業全体のイメージを高め，好意をもつように仕向けるものである。製品が多様化し，新製品をつぎつぎと送り出す必要があるので，企業広告の重要性が増している。製品広告は特定の製品のライフ・サイクルに応じて，その製品の価値を知らせる開拓的広告，他の企業の製品に対して自社製品の需要を喚起する競争的広告，すでに確保した需要を維持する維持的広告に分けられる。

広告が対象者に与える効果には段階があるとされる。AIDMA（アイドマ）の段階があるとの説明は，1920年代に遡るが，AIDCA（アイドカ）とされることもある。まずある製品についての注意（attention）を引きつけ，関心（interest）をもたせ，それが欲しいという欲求（desire）をもたせ，その気持ちを記憶（memory）させてもちつづけさせ（あるいはその製品の良さを確信〔conviction〕させ），購買という行為（action）を実現させる効果があるというのである。インターネットを中心に情報化が進展する今日では，AISAS

第7章　生産者と流通

(attention→interest→search〔検索〕→action→share〔共有〕) の段階モデルが提唱されている。

(3) パブリシティ

新製品に関する記事が新聞や雑誌，テレビなどで報道されると，企業にとっては広告料を支払わないで，広告と同じ効果が得られ，しかもメディアの権威によって広告以上に関心や信用が得られることになる。このようにニュースとしての報道価値を認められて，広告媒体であるマスコミに，無料で報道されるものをパブリシティ (publicity) という。報道するかどうかはマスコミ側の判断によるし，他の記事が多い場合には採用されない。マスコミに対して資料を提供する必要があり，そのため広告代理業者に手数料を支払ってマスコミとの連絡を依頼する場合もある。

(4) 販売促進（狭義の販売促進：SP, sales promotion）

広義の販売促進のうち，人的販売，広告，パブリシティ以外で消費者の購買を促進したり，販売店の販売への協力を得たりするための活動を狭義の販売促進という。見本（サンプル）配布や効果的な照明を用いた陳列・展示，さらには実演（デモンストレーション）販売など，製品そのものを通しての情報伝達が含まれている。また，コンテストやポイント・カードによる特典などによって関心を高め，情報を受け入れる態勢をつくる工夫も行われている。

⌘ チャネル政策（販売経路政策：販路政策）

　特定の生産者の製品に関する流通フロー，とくに所有権の流れに関する役割を果たす一連の経済主体の垂直系列を販売経路と呼ぶ。これを，主体となる企業のマーケティング管理の対象としてみた場合に，マーケティング・チャネル（販売経路）と呼び，チャネル構造の選択と管理・統制が必要となる。

　大規模な生産者がその製品の販売をチャネル末端まで制御しようとすると，消費財の場合，小売段階までを自己の企業で所有すれば，つまり垂直的統合を行えばよい。訪問販売を行う化粧品の製造業者はこの例であるが，大規模な生産者はチャネル末端に多くの小売販売地点をもつ必要があるため，ごく一部の企業のみが所有による垂直統合型チャネルを採用しているにすぎない。卸売段階までの垂直的統合は，多くの消費財製造業者の間で取り入れられている。卸売機能を自社内に所有したり，子会社である販売会社（販社）を設立したり，卸売業者に資本・人材を投入して専属化するなどの方法で，企業の組織内部で卸売段階まで制御することになる。

　垂直的統合が不可能なときに生産者が販売経路の管理を強化するための方法に流通系列化があり，表7-2のような手段を用いて行われる。流通系列化は競争を阻害する効果を生じやすいため，独占禁止法で問題とされる場合がある。とくに建値(たてね)の拘束が強制される場合には原則として禁止の対象となる。

第7章　生産者と流通

また，販売経路を構成する卸売・小売業者の数，つまりチャネルの広さに限って分類すると，通常つぎの3類型に分類される。

① 開放的経路政策　取扱業者の数を最大限にするために，自社の製品を扱う希望のある業者のすべてに取り扱わせる。最寄品の販売に多くみられる。

② 選択的経路政策　卸売業者や小売業者の数を制限するもので，特定の販売地域ごとに取扱業者を選定する。販売量，資金力，価格維持への協力度などが基準となる。ただし競争企業の製品の取扱いは認める。

③ 排他的経路政策　特定の販売地域に1つの卸売業者または小売業者を選ぶもので，競争企業の製品の取扱いを認めない。

物流・情報流についても経路の設定が必要である。所有権のフローと同じ経路を利用する場合もあるが，独自の経路が組織されることもある。それらについては第3〜5章で学んできたので，改めて参照してほしい。

◆ 表7-2　生産者による流通系列化の手段

(1)事業活動に対する制約
①契約条項による拘束
　再販売価格維持，競争品の取扱い制限，販売地域の制限，取引先の制限（小売業者の仕入先の卸売業者を一社に限定する一店一帳合制など），販売方法の制限
②取引拒絶，③出荷停止，④出荷制限（新製品など），⑤警告，⑥監視体制の構築

(2)利益の供与
①ブランド名の使用許諾，②一定の利益の確保，③販売価格の優遇，④優遇的なリベートの提供，⑤資金援助，⑥在庫金融の優遇，⑦販売設備の貸与・贈与，⑧経営指導技術研修，⑨手伝い店員の派遣，⑩売れ残り商品の返品の受付け

(出所)　山本和史「流通系列化とその手段」『流通問題と独占禁止法〔1990年度版〕』。

◆ 図 7-3 資生堂の流通系列

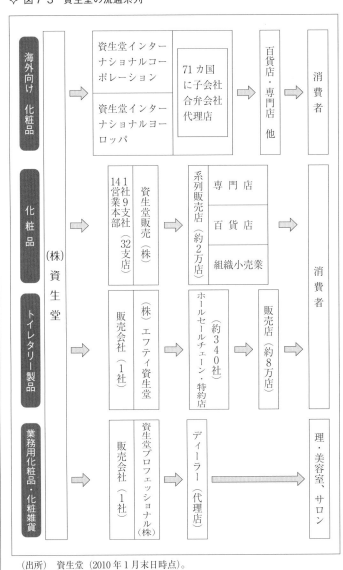

(出所) 資生堂 (2010年1月末日時点)。

課題

1) 大規模な生産者が、製品の開発とともに流通全般についての関心をもたざるをえなくなった理由を述べなさい。
2) 「企業の目的・社会的使命」「経営環境」および「企業内部の経営資源」の3者の関係を論じなさい。
3) 消費財を生産する企業にとって、新製品開発が不可欠である理由を説明しなさい。
4) 商標が価格決定や販売促進と関連することを論じなさい。
5) 最寄品の大規模な生産者が開放的経路政策をとる傾向があるが、その理由を考えてみなさい。

第8章

商業の存立基盤

⌘ 商業の意義

　商業とは何かということについては，古くから多くの学説が存在している。交換一般を商業としてとらえる場合もある（交換一般即商業説）。商品（財）の売買取引とともに，資金の取引や労働力の取引をも包含して，取引を秩序づけて行う組織を商業とする場合もある（取引企業説）。本書では，これらのような広い概念はとらなかった。また，生産と消費の懸隔の架橋そのものを商業と理解することもあったが，本書では，その架橋そのものは流通として把握している。さらに，狭義の商業と補助商業に分け，広告代理業，運送業，倉庫業，保険業などは補助商業ないし流通

◇ 本章で学ぶこと
　生産者と消費者の中間の部門として商業部門が存立し，しかも，それが存立するほうが社会的に合理的であるという根拠は何だろうか。さらに，商業内部が多段階になることの合理性も考察しなければならない。

助成機関として一括する場合もあるが，本書では，それらの補助商業とされるものを，流通機能の一部を遂行するが流通機能以外をも遂行する独立の産業分野としてとらえており，流通機構の構成要素として把握していることに注意する必要がある。

ここでは，商業は流通全体の中にあって，生産者や消費者とは別の独立した経済主体である商業者（商人）に関わる部分であるとしよう。したがってここでの商業には，商業者（商人）の活動とそれによって遂行される流通機能，およびそのための組織が含まれることになる。

このような意味での商業は古くから存在した。自らは生産も消費もしない商業者の活動によって交換が容易となり，流通が円滑化し，経済発展に寄与してきた。商業が流通の中でどのような地位を占めるかは，それぞれの社会において歴史的に規定されるところである。流通活動の大部分を商業者が遂行する場合があるとともに，商業者（商人）以外の者が遂行する部分の比重が高まる場合もある。商業を取り巻く外部環境諸要因の歴史的，社会的，経済的差異と，商業を営む個別の業者の多様性によって，流通に占める商業部門のあり方に差異が生じることになる。その差異は，国家間においても，同一国内においても時代によって，そして同一時期においても品目別，地域別，さらに個別の経路別に生じる。

⌘ 商業による流通費用の節約

生産部門と消費部門の間に商業部門が存立する基本的な理由は，

商業部門が介在することによって流通機構全体の費用（総流通費用）が節約されるところにある。このことはしばしば誤解されている。たしかに流通経路に存在する商業部門は，そこで担われる流通活動のために費用を要するし，利益も計上している。したがって，商業部門が存在していなければその分だけ消費者は安く購入できるのではないか，あるいは少なくとも何段階か存在している卸売部門の一段階でも減少させれば商品の価格が安くなるのではないか，と考える人がいるであろう。しかし，商業部門の存立によってかえって流通費用が節約されるということについて，ここで学ぶことにする。

　それに先立って，流通費用とは，流通に与えられた仕事，つまり流通課業を果たすための費用であるということを確認しておきたい。流通課業が大きくなる場合，流通技術を一定とすれば，流通費用は増加する。流通技術が進歩すると，同一流通課業についての流通費用は低下する。生産と消費の間には多様な懸隔があり，経済発展にともなって，その懸隔は縮小するどころかかえって拡大する傾向があり，流通課業を大きくしている。例えば消費部門の変動のうちでも，世帯数が増加したり，好みに合った財を多品種少量ずつ，自分の好みの組合せで，時間や労力をかけないで購入したいという傾向は，流通課業を増大させている。日本経済の国際化にともなって諸外国との国際的流通も増大しているが，距離も遠く，言語，貨幣制度が異なり，関税その他の取引を規制するさまざまな制約条件が存在し，より多くの危険をともなうのが

国際流通であるから，それだけ流通課業も増大するのである。

一方で，情報伝達に関わる通信技術の発達があり，輸送や保管に関わる物流技術も高度化しており，自動化が進んでいる。受発注処理や在庫管理などに関する情報技術も進展し，流通に関わる組織・制度も改善されている。こうした広義の流通技術の発達は，流通費用の削減に貢献している。与えられた流通課業，時にはより多くの流通課業を，新しい技術でより効率的に遂行するということである。

商業のような中間段階の存立根拠を論ずる場合，同一流通課業を，さらにはより多くの流通機能を遂行するための流通費用に，それらがどのように影響するかを検討する必要がある。

商業部門が生産部門と消費部門の間に形成されるとなぜ流通費用が節約できるかを，田村正紀神戸大学名誉教授に従って，つぎの4点から説明しよう。なお第1と第3の論述は，マーガレット・ホールによって，卸売業存立の根拠として説かれたものである。

⌘ 取引数単純化の原理（総取引数極小化の原理）

商業者の社会的役割は，多くの生産者の生産した財を品揃えするところにある。商業者が存在せずに生産者4人と消費者5人とが直接取引すると，取引数は4×5＝20となる。もし1人の商業者が介在して，すべての取引がこの商業者を通して行われるとすると，取引数は4＋5＝9となる。こうして，商業者の介在によっ

て社会的に必要な取引数は単純化したことになる。取引数の単純化は当然，取引活動に関わる費用を削減することを意味している。

これを一般化するために，生産者数を P，消費者数を C，商業者数を M とする。直接取引をする場合の取引数は $P \times C$ である。商業者1人が介在した場合の取引数は $P+C$ であり，商業者が M 人になると $M(P+C)$ となる。このように，生産者 P と消費者 C の数が多くなるほど商業者の介在による取引数単純化の効果は大となる。しかし，商業者 M が増加するほどこの効果は減少していく（図8-1の例では，商業者数が3人になると，取引数は間接流通のほうがかえって多くなってしまう）。

⌘ 情報縮約・整合の原理

商業者は多くの生産者の生産物を取り扱う。したがって商業者の店舗において展示されている財，あるいは商業者の発行するカタログは，複数の生産者の生産した財についての情報を1カ所に集め，つまり情報を縮約して，情報の比較を容易にする。

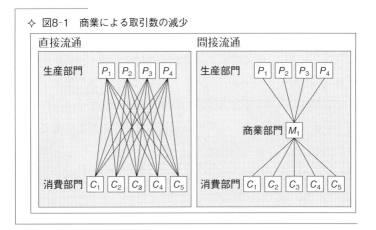

◇ 図8-1　商業による取引数の減少

また，商業者の品揃えは，それらを再販売することが可能であるとの確信をもとにして購入したものであり，所有権を取得し危険を負担している。再販売が可能であるという確信は，消費部門のうち対象とする市場における財の需要に関する情報に基づいている。したがって，商業者が行う品揃えには，商業者が把握した消費者に関する情報もまた縮約されていることになる。

　こうして，商業者の立場で縮約した生産部門と消費部門それぞれに関する情報は，商業者が形成した品揃えに具体化されており，質的・量的に財情報が整合されていることになる。商業者が生産部門と消費部門の情報を自らの内部で分析し意味あるものに変換していくことから，両部門の取引はより効率化し，流通費用はそれだけ節約されることになる。流通課業が大きく，生産部門と消費部門の間で縮約・整合される必要のある情報の量的および質的差異が大きいほど，この節約機会は増加する。

⌘ 集中貯蔵の原理

　不確実性に対する備えは個々に行うよりも集団で行うほうが効率的であるという原理は，保険の例でよく知られている。流通過程においても同様の法則があてはまるとされる。

　同質の財を生産する生産者のそれぞれは，変動する需要に備えて製品の在庫をもつ。間接流通になって商業者が各生産者に代わって集中的に在庫をもつと，社会的な在庫の必要量は，直接流通で生産者のみが在庫をもつ場合の各生産者の在庫量の総和よりも

一般的に小さくなる。この種の節約機会は，需要が小規模分散的で需要変動に合わせたきめ細かい在庫の調整が必要なときに，より大きくなる。

⌘ 規模の経済

財の生産や輸送といった経済的作業は，より大規模な施設で大量に処理すると，一定の限度はあるものの，単位当たりの費用は低下する。これが規模の経済である。商業者が多数の生産者の生産物を集めて社会的品揃えを形成すると，そこに流通フローが集められることになる。規模の経済が発生して流通費用が低下する。

規模の経済の現れ方は，所有権の移転，危険負担，情報伝達，在庫，輸送といったそれぞれの流通機能ごとに異なる可能性がある。そのため，すでに学んだような機能別の分化が生じることになる。

⌘ 卸売部門と小売部門の分化

以上の諸要因が商業による流通費用の節約機会をもたらすが，そのことがまた卸売部門と小売部門の分化を導く原理ともなる。

小売業者が販売の対象とする消費者の数は多く，分散して居住し，購買単位の量はきわめて小さい。そのことが小売業者の構造に影響し，小売店舗は分散し，概して小規模で，取引単位の量も相対的に小さく，多品種多品目少量という品揃えになる。そこで生産者と小売業者の間に卸売業者が介在すると，上記の4要因が

作用して，総流通費用は低減することになる。こうして消費財の流通経路には，卸売業者と小売業者が存在し，さらに後にみるように卸売部門に段階分化が生ずる。

⌘ 商業部門の収縮・排除

　経済発展にともなって生産者が大規模・集中化し，規格化された商品の大量生産と生産品目の多様化が進展するようになると，商業者による社会的品揃え形成による流通費用の節約機会を減少させ，商業部門の収縮をもたらす。

　さらに，大規模な生産者の出現は，生産者による流通経路の支配傾向を生み出し，垂直的統合や流通系列化が行われる。その場合には，生産者は，商業者の社会的品揃えによる流通費用の節約機会が存在するとしても，商業者の排除あるいは形式的な残存を選択させる。

　また，小売業者の大規模化も影響する。独立した小規模小売業者が各地に分散している場合，それに対応する小規模な卸売業者が必要とされ，流通段階数が増加する。しかし，大規模小売業者が大量集中仕入れを行い，生産者との直取引を導入したり（プライベート・ブランドの開発も含む），開発輸入に着手したりすることで，中間に位置する商業者の存立する余地は減少することとなる。

課題

1) 「商業が流通の中でどのような地位を占めるかは、それぞれの社会において歴史的に規定されるところである」という記述を、生産者が小規模な時代と大規模な時代に区分して整理してみよう。
2) 取引数単純化の原理を説明しなさい。
3) 小売店舗の品揃えには、生産部門と消費部門との情報がまとめられているということを、店頭で確かめてみなさい。
4) 小規模な小売業者の減少が流通段階の短縮に結びつくのはなぜかを論じなさい。

✧ もう一歩考えてみよう：　流通機能担当者の垂直的・機能的分化

　本章は，商業の存立基盤を流通費用の節約という観点から説明している。ここでは，第5章で学んだ流通機能担当者の分化という観点から考えてみよう。機能的分化とは機能を自ら遂行するか，あるいは他者（専門業者）に遂行してもらうかということであった。その専門業者の代わりに商業者あるいは小売業者と卸売業者を入れてみる。

　売手（あるいは買手）を探せないわけではなく，商品を選択できないわけでもなく，つまり流通機能を自ら遂行できないわけではなくても，そのために時間や労力をかけることをしたくない，というような場合には，他者に代わってもらいたいと思う。イタリア製の家具を買いたいと消費者が考えたとしよう。渡航費用はもとより，家具の製造業者を探し，取引交渉を自ら行う必要がある。それに対して，専門的知識をもとに商品を探し，交渉し，仕入れして，便利な場所で品揃えし，欲しいときに売ってくれる業者がいれば利用していいと思う。そこに成立するのが中間段階の業者である。

第9章

小売業の役割と機能

⌘ 小売と卸売

　財を販売する行為は，小売と卸売に分けることができる。小売と卸売の区別は必ずしも明らかではない。産業分類上の基本原則となっているのは買手による区分である。消費者に販売することが小売であり，消費者以外に販売することが卸売である。

　消費者は生活のために財を購入する。それに対して企業における財の購入目的は，流通に関連させてみると，つぎの2つに区分される。①産業用使用のために購入する（生産活動のために機械設備や原材料・燃料などの産業財を購入する）。②再販売のために購入する（購入した財を，ほとんどそのままの形で，必要に応

> ◇ 本章で学ぶこと
> 　流通機構のうち，私たち消費者にとって最も身近な存在である小売業の果たす社会的役割を確認し，その果たしている流通機能を整理してみよう。

じて量や組合せを変化させて販売する)。

　なお,政府の作成する統計などではこの原則によって分類されており,国際的にもこのような分類が行われている。ただし,業者仲間の取引では時にはこの原則と離れた用法が使われることもある。例えば小規模な建築業者に材木を売ること,自動車修理工場に補修用部品を売ることがともに小売と称されることがある。どちらも少量ずつ販売するという点においては消費者への販売と共通しているが,産業用使用のために販売するという観点からは卸売として認識される。

⌘ 小 売 業

　商業に関する最も基本的な統計は,「商業統計」である。商業統計調査は1952年に始まり,76年までは2年,97年までは3年ごと,2007年までは5年ごと(ただし調査の2年後の中間年に簡易調査)に調査されてきた。しかし,総務省所管の経済センサス(基礎調査・活動調査)が創設されたことにともない,経済センサス(活動調査)の2年後に実施されることになり,最新の「商業統計」は2014年調査となる。ただし,これまでの調査とは調査方法や集計対象事業所の違いがあることから,数値を直接比較することはできない。「商業統計」での調査対象は店舗などの事業所であり,小売を主として行う事業所が小売業として集計される。「主として」というのは,統計調査では,年間販売額の50％以上が消費者に対する販売であることを意味する。

各種の統計資料を利用する場合には,それぞれの調査における定義を確かめなければならない。日本の「商業統計」の定義も時系列的に変化があり,また国際比較をする場合には,国によって相違するので注意をしなければならない。

日本の商業統計調査では,主としてつぎの業務を行う事業所を小売業としている。①個人用・家庭用の消費のための商品の販売(個人経営の農林漁家への販売を含む)。②商品を小売し,かつ同種商品の修理(修理専業はサービス業)。③製造小売(製造した商品をその場所で小売)。④主として,消費者への無店舗販売。⑤ガソリンスタンド。⑥産業使用者への少量・少額の商品の販売(例外的な定義であり,少量・少額の規定はない)。⑦会社・遊園地などの中にある別経営の売店等。

❃ 小売業の社会的役割

(1) 消費者に対する役割

小売業は,私たちの日常生活を充実させることに深く関わっている。社会保障制度の確立,生活基盤のための社会資本の充実,公害防除を含む社会的な保健機構の整備などは,私たちの福祉にとって不可欠な要因としてよく語られる。それらとともに,小売業や生活関連サービス業のあり方は私たちの生存を維持し,さらに人間らしい生活をするために不可欠である。

小売業は商業サービスを付加する形で,消費者に対して消費財を提供する。消費者は,財そのものの価格を支払うとともに買物

費用(消費者費用)を支払って商品を購入する。買物費用にはつぎのような費用が含まれる。①交通費(小売店舗までの電車賃,バス代,ガソリン代,駐車料金など移動の費用)。②時間(他の目的,つまり収入を得る仕事,娯楽,創造,休養などに代替的に使用できる時間を買物のための移動や探索に用いる)。③肉体的疲労(移動,探索,財の輸送などにともなう身体の疲れ)。④心理的疲労(ⓐ事故や混雑など外出そのものの気疲れと,ⓑ買物の危険負担がともなっている財の選択についての気疲れ)。

なお,これらの買物費用を,部分的にでも軽減する方法がありうること(近所の店,通信販売,専門能力のある販売員の助言,配送サービスなど),および,買物が楽しみと感じられる場合には,レジャー(登山,観劇など)と同様に買物費用は当然の支出と理解され,負担とは感じない場合があること(購入した商品から得られる満足感の予想,さまざまな商品を見聞する楽しみ,ファッションなどについての情報を得る楽しみ,盛り場の雑踏のもつ雰囲気にふれる楽しみなどがありうる)も考慮すべきである。

したがって小売業のあり方は,つぎのような諸側面において私たちの生活の福祉と関連する。

① **販売する消費財の品質と組合せ**　有害食品や欠陥商品のように消費者に損失を与えるような商品ではなく,消費者の欲求を満足させ,さらに消費者の生活をより豊かにするような商品が選ばれて売られること。

② **伝達される情報**　消費者が商品を選択するにあたって必

要な情報，購入した商品の消費について役に立つ情報が伝達されること。あるいは誇大広告であったり，販売員の説明不足であったりしないこと。

③　立地・営業時間　　消費者の生活条件，購入する商品の性格からみて，便宜な場所，好ましい場所で，便宜な時間に購入できること。

④　店舗その他の物的施設　　不便や不快感を与えるような施設ではなく，安全に快適に買物ができる施設であること。

⑤　付帯サービス　　代金の支払い方法や，包装，配達，直し，返品・交換，保守・修理，さらには特典など，商品の性格と消費者の状態に応じたサービスが提供されること。

⑥　価　　格　　以上のような財とそれに付加される商業サービスと対比して，価格が妥当であること。

これらを十分考慮することによって，すでに学んだように消費者の権利の確保を主張するコンシューマリズムに対応することができる。

(2)　生産者・卸売業者に対する役割

以上のような消費者に対する役割を十分に達成するために，どのような財に，どのような情報を付加し，どのような時期に，どのような単位で，どのような価格で供給されなければならないかを，小売業者が供給者である生産者・卸売業者に情報として伝達することは，重要な役割である。もちろんそれら業者は独自に情報を収集してはいるが，直接に消費者に接する専門家としての小

売業者が，収集・分析し，伝達する情報は貴重である。

また努力して開発し，生産し，供給しようとする商品を評価し，消費者へ推奨することで，生産者，卸売業者に協力することができる。

(3) 地域社会に対する役割

小売業はすぐれて地域に密着した産業である。消費者に対する役割についてもその対策は消費者一般ではなく，地域住民の消費者としての側面への対応である。対象とする地域の広がりは異なっていても，小売店舗やその集積は地域社会にとって中心的な役割の1つを担っている。地域社会の核をなす交通，行政，医療，教育，文化，娯楽などとの有機的な結合を図ることによって「まちづくり」において大きな役割を果たすことができ，そのことが小売業経営に好ましい影響を及ぼす。

また地域に住み，地域で事業を営むことで，一方では地域経済の振興，雇用の場の創出につながるとともに，他方で，地域社会の融合，地域文化の伝承・発展，治安の維持への協力，都市の美観の維持などに，個別の企業として，また商業集積・商店街として大きな役割を果たすことができる。

❻ 小売業の機能

小売業は流通機構の一部を構成する。したがって，そこでは流通機能のある部分が分担されていることになる。しかし流通機能のどの部分を小売業が分担するかは，厳密に規定することはでき

ない。

　また小売業者のうちで，財の生産機能を分担するものも存在する。それには2種類の類型がある。

　第1の類型は，生産者が直接に生産物を消費者に販売する場合であり，パン，菓子，豆腐，衣服などの製造小売業者の場合である。イギリスでは小売店をショップ（shop）と呼んでいる。ショップは元来は仕事場を意味する語であり，消費者が手工業者から直接商品を購入していた伝統を示している。そのような形態は日本でも多くの消費財についてみられたが，工場生産の進展とともに一般的には減少してきた。しかし，独自の存在価値を保っているものもあり，また手作り志向に沿って復活してきたものもある。

　第2の類型は，原材料を物理的，化学的に処理して新しい財を創出するという製造過程そのものは担当しないが，その前提としての何をどのように生産するかを決定する過程に，程度の差はあるが，関与するものである。最も軽度に関与する場合は，情報を提供して生産者の製品政策に影響を与える場合である。さらに大きさ，デザイン，包装など，製品の一部に変更を加えさせて，他の小売業者に扱わせない，差別化された製品を作らせる場合があり，それに小売業者のブランドを付することも行われる。最も積極的には，小売業者が製品開発を行い，仕様や生産の方法を指定し，生産者に製造を委託し，自社のPBを付して販売する場合がある。1980年代頃から海外で製品開発を行う開発輸入も増加し

　✧ もう一歩考えてみよう：　shopとstore
　　上記のようにイギリスでは小売店舗をshopと呼ぶが，アメリカではstoreと呼ぶ。手工業の伝統のあるイギリスに比して，植民地で農業・牧畜業から始まったアメリカでは，商品を貯える（store）場所としてとらえられたのだろう。

た。

　小売業において営まれる流通機能には，一般的につぎのような諸活動が含まれる。

(1) 所有権移転機能に関する諸活動

① 品揃えの選択　　販売する商品を決定する。対象とする消費者の行動や競争条件などの外部の環境条件，および自店の資本，店舗規模，知識や経験などに基づく経営能力によって，品揃えの広さ（商品系列の数）と深さ（各商品系列ごとのスタイル，ブランドなどの違いによって区別される品目数）を決定する。なお消費のサービス化にともなって，財とともにサービスを販売することも考慮されている。花小売業者の開く生け花教室や，百貨店における結婚式場のあっせんはその例である。

② 仕入先の選択　　一般的には卸売業者の中から選択するが，時には生産者から直接に購入される。立地としても，小売業者の近隣の仕入先が選ばれる場合と，遠隔地にある，より上位の中心地から仕入れる場合とがある。

③ 発　　注　　販売量，在庫量，経済的発注量（在庫コストと発注コストにより決定され，両者の合計が最低となる発注量），仕入価格の数量割引などを考慮して，適切な頻度で適切な数量を発注する。その際に，発注後納品されるまでの期間や，計画以上に売れて品切れが発生することを防止するための安全在庫も考慮する必要がある。

④ 仕入代金の支払い　契約条件に従って，仕入代金を現金あるいは手形で支払う。

⑤ 販売価格の決定　販売価格を決定するには，仕入原価，利幅（販売価格と仕入原価の差であり，営業経費と利益が含まれる。粗利益，荒利，マージン，値入れなど各種の名称がある），販売量（価格によって需要量が異なる），競争価格などを考慮しなければならない。

　利幅率を一定にする場合や，それに差をつけて，ある商品は利幅なしで販売する場合がある。また利幅率を下げ，大量に販売することで利益の総額を増加させる（低マージン・高回転）か，販売量は少なくとも利幅を大きくとり，1個当たりの営業経費をかけ，利益を大きくとる（高マージン・低回転）かといった決定をしなければならない。また，販売量が予定に達しなかったときなどには値下げが行われる。

⑥ 販売代金の受取り　小売業では商品と引換えに現金を受け取る現金販売が大部分を占めるが，現金を受け取らない信用販売の比重が増加している。クレジット・カードを用いて，1カ月分の支払いがまとめて消費者の預金口座から引き出され，小売業者の口座に振り込まれる方法とか，数カ月から数年にわたって割賦で支払う方法など多様である。小売業者と消費者の間で信用販売がなされる場合と，一般の金融機関や専門の販売金融会社が介在する場合とがある。

(2) 物流機能に関する諸活動

① 荷　　受　　仕入先から納入された商品を検品して，受領する。例外的には，仕入先の店舗・倉庫からの輸送も行う。

② 保管・店舗内外の移動　　所定の保管場所で，商品が損傷しないように保管し，適切な時期に売場まで移動し，輸送・保管用の包装を解く。

③ 値札付け　　単品ごとに価格を表示する値札を付ける（納入時に貼付させる場合もある）。売場でまとめて表示する方法も増加し，バーコードが付されて集計に利用される場合も多い。

④ 陳　　列　　消費者にとって，見やすく，手に取りやすく，選びやすいように，商品を分類し，店舗内の通路沿いに，あるいは店舗外に向かって，補助器具を使用しながら陳列する（商品陳列には情報伝達の機能もあり，とくに照明によってその効果を高める）。

⑤ 包　　装　　販売した商品を保護し，持ち運びに便利なように包装される（包装紙・包装袋には情報伝達機能が求められる）。

⑥ 配　　達　　消費者の住居までの財の輸送を小売業者が行う場合がある。かさのある商品，重量のある商品の場合に必要である。また，通信販売など消費者が買物出向を行わない販売方法では不可欠である。小売業者が自ら行うか輸送業者に委任する。

⑦ 加工（流通加工）　　財の扱いという点でここに加える。財の形状に変化を与えるのは本来生産の機能であるが，軽度の切断，

組立，塗装，調理などは加工としてとらえられる。小売業者も，鮮魚や精肉にみられるように加工を行っている。

(3) 情報伝達機能に関する諸活動

A 消費者との間の情報伝達

① 販売促進　販売する商品，あるいは自らの企業に関する情報を消費者に伝達することにより，消費者の関心を高め，需要を喚起し，比較させ，好意をもたせ，購買の決定に導くことを期待する。その伝達は，展示された商品，販売員の接客，広告，店舗の装飾，包装紙，パブリシティなど，それぞれ特徴をもった多くの手段を通じて行われる。

② 消費者調査　顕在的・潜在的に買手となる消費者の商品やサービスに対する欲求を情報として吸収する。

B 仕入先との情報伝達

① 仕入商品に関する情報の吸収と発注　対象とする消費者にとっての購買代理人として，より好ましい商品を仕入れるよう情報を受け取り，仕入れの判断材料とする。また発注情報を伝える。

② 消費者に関する情報の送達　消費者から吸収した商品に対する欲求に関する情報を仕入先に送達して，より望ましい商品を供給してもらう一助とする。

(4) 企業の維持・管理のための活動

以上のような流通機能を遂行するためには，企業が設立され，その維持・発展のための経営管理がなされなければならない。

① 資金調達　企業の内外から資金を入手し，その使途を

第9章　小売業の役割と機能

決定する。

② 店舗の開設・維持　商品を陳列し，顧客を招き入れ，販売活動を行う店舗について，立地の選定，建物の建築あるいは賃借，備品の配置，内部・外部の装飾，照明などがなされ，常に好ましい状態に維持される。無店舗販売の場合にもそのための施設を必要とする。

③ 従事者の採用・訓練，職務の編成，組織化　職務を分担する従事者を採用し，職務遂行能力を向上させるように訓練する。また職務の分担を体系的に整理して組織を形成する。

④ 資材の購入　販売すべき商品以外に小売業の経営に必要な資材を購入する。

⑤ 経営戦略の立案と経営管理　対象とする消費者や競争企業を含めた経営環境を把握し，予測を行い，それに対応する経営戦略を立案する。そこで設定された長期路線とそれを実現するための計画に対して，現実の経営の動きをとらえ，記帳し，分析し，望ましい状態に向かうように統制するなどの経営管理活動を行う。

課　題

1) 小売と卸売の区分の定義を説明するとともに，小売業者と卸売業者を区別することがあいまいになる場合を想定しなさい。
   ＊大都市の都心の文房具店が周辺の事業所に文房具を販売したり，小料理店がスーパー等で料理の材料を購入したりする。

2) 消費者の買物費用のそれぞれを,小売業者の行動で,軽減することができることを整理しなさい。
3) 私たちの生活の福祉と小売業との関連を論じなさい。「消費者の権利」(第6章参照) という点にもふれなさい。
4) 品揃えの広さと深さの組合せ(広－深,広－浅,狭－深,狭－浅)に関して,小売店を観察し,区分してみなさい。

✧ もう一歩考えてみよう： 日本の小売業と国際化

　日本の経済はますます国際経済社会に組み入れられているが，小売業という本来的に地域性の強い産業分野においても国際化が多面的にみられる。

　① **取扱商品の国際化**　　輸入が自由化されると，所得水準の上昇や生活様式の国際化にも支えられて，海外商品が消費されるようになり，小売業者を通じて販売されるようになる。小売業者自身が直接に輸入したり，国際的な仕入組織を通じて輸入する。さらに小売業者が海外で生産させて輸入する開発輸入の場合もみられる。

　② **経営技術の国際的移転**　　経営担当者の海外視察，専門家による指導から技術移転の国際契約等によって，海外の小売経営技術が日本に導入された。百貨店，チェーンストア，セルフ・サービス，スーパーマーケット，計画的ショッピング・センター，フランチャイズ・システム，コンビニエンス・ストアなど多くの事例がみられるが，日本への適応の努力も重ねられている。

　③ **小売業の技術・経験をもった労働力の国際的移動**　　日本には移民の流入が例外的で，投資にともなう経営担当者の受入れ以外はまれである。

　④ **海外からの小売業への直接投資**　　海外の大規模な小売業者の脅威が論ぜられて，小売業における資本の自由化は遅れたが，1969年の単独専門店に始まって順次自由化され，75年にいたって100％自由化された。したがって大企業の場合は合弁企業から始まったが，多くは成功せずに撤退した。ようやく1990年代になると，出店規制が緩和され，地価の下落や工場跡地等の店舗用地の供給の増加等によって出店が容易になり，円高傾向による輸入価格の下落をともなって，外資の小売業の進出がさかんになった。専門店の進出が多かったが，玩具をはじめとした子ども用品の幅広い品揃えの低価格店のチェーンストアを展開したトイザらス社（米）は成功例となった。さらに専門点とともに，世界的大企業の大規模店舗が出店したり，日本の小売業者に出資した例もある。ただしカルフール社（仏）の撤退のような事例も発生している。

　（日本からの小売業者の海外進出は欧米での小規模店舗，アジアでの大規模店舗の事例がみられたが，多くは撤退した。しかし新たにアジアへの各種の業態での出店が増加し，成功している）。

第10章

小売業の構造

❀ 小売企業と小売店舗（事業所）

　1つの産業分野としてとらえた場合，小売業は種々の属性を備えた数多くの要素を単位として構成されていることがわかる。その構成要素の単位は，いくつかの段階でとらえることができるが，ここでは事業所を最低の単位とする。

　事業所とは，ある場所を占有して，業として財またはサービスの生産活動が行われる単位である。小売業では一般的には店舗が単位となっている。

　このような小売店舗を経営するのが小売業を営む企業であり，個人商店も小売企業としてとらえられる。小売企業は，資本を基

◇ 本章で学ぶこと
　小売業は多様な単位を構成要素として成り立っている。その全体と変化の方向を把握するために，それを規模別，業種別，地域別，そして形態別に整理し，それらの変化を環境諸要因と関連づけて学ぶ。

盤として，労働力，設備，商品を技術によってとりまとめ，1つの統一した意思のもとに，経済計算に基づいて運営される。

小売業では1企業が1店舗において事業を営む場合が多いが，複数の店舗において事業を営む企業も増加しつつある。なお商業統計調査などにおいては，会社のような法人について1法人を1企業としているが，企業によっては，新設店舗や別形態の店舗を別法人としている場合もある。この場合には，実質上の企業にあたるものを合計してグループとしてとらえることがある。

さらに最近では，いくつかの企業を統合した企業間組織も，1つの単位として行動している。その統合の程度には差があり，ときおり共同仕入れをする程度のものから，意思決定のほとんどを本部で行うフランチャイズ・システムにいたるまで多様である。

このように，単位のとらえ方には異なったレベルがあるが，小売業は多くの構成要素の集合から成り立っている。その集合の態様を小売業の構造としてとらえる。小売業の構造は流通機構の一部をなしており，同様に特定の段階の特定の国民経済と密接に関連している。

この章では小売業の構造変化を考察するが，それに先立ってその構成要素の数の変化をとらえておこう。第2次大戦後の日本では，小売企業数・店舗数はともに増加し続けてきたが，「商業統計」によると，1982年を頂点として減少に転じた。2014年の小売店舗数は102万4811店で，1950年代頃の数にまで減少し，小売企業数はそれ以下になった。すでに参入していた小売企業のう

ち，事業経営者が高齢化したものの中で後継者を得られず廃業するものが増加した。他方ではこれまで多かった開業者数が急減して，廃業者数よりも少なくなってしまったために，小売事業所の数が減少に転じたのである。小売業の競争の激化はこの廃業・開業の両面に大きな影響を与えている。

　小売業の構造を把握するために，本書では規模構造，業種構造，地域構造，そして形態（業態）構造という諸側面から観察する。

⌘ 規 模 構 造

　規模構造からの観察は，小売店舗や小売企業を規模の指標で把握することを通じて，小売業の構造の一側面に焦点を当て，その動向をとらえようとするものである。規模の指標としては，従業者数，就業者数，資本金，販売額，店舗面積，所有・経営店舗数などが用いられる。

　日本の小売業では，零細規模の店舗・企業が大きな比重を占めている一方，大規模小売企業が成立し，発展を遂げている。このような傾向は，程度の差こそあれ先進諸国に共通した現象である。

　2014年においても，小売店舗の63％ほどが従業者規模で4人以下の店舗であるが，その数は減少傾向にあり，構成比も低下している。また，販売額でみると，4人以下の小売事業所は約12％を占めているにすぎず，その比率も下がっている（表10-1）。

　小売業の大企業の状況をみてみると，2014年の従業者規模50人以上の商業企業は9314社であるが，その販売額の小売市場全

◇ 従業者・就業者　　個人業主，無給の家族従業者，有給役員，常用雇用者の計が従業者である。従業者に，①臨時雇用者と②外部から受け入れている派遣・下請と外部に派遣・出向させている従業者・臨時雇用者の差，を加えた数が就業者で，現実に事業所で働いている数である。

体に占める割合は78%に達している。しかし長期の不況下に、競争の激化に直面して売上が低迷し、急成長のための過大な債務の負担に耐えられなくなった大企業のうちに倒産あるいは規模縮小の事例が出現した。また、持株会社のもとに統合して経営基盤を強化する企業もみられる。

小売店舗の売場面積（自動車小売業、ガソリンスタンドなどは調査しない）の平均は、面積不詳の店舗を除いて1978年に$51\,m^2$であったものが2014年には$212\,m^2$へと増加したが、$50\,m^2$未満の店舗は59%を占めている。他方では$3000\,m^2$を超える店舗は5674記録され、平均$7185\,m^2$である。とくに巨大な店舗を有する百貨店には8万m^2を超えるものがある。

多店舗化も進行中であり、支店をもつ本店、とくに支店の増加率が大きい。2014年に50店舗以上所有する企業は790社存在したが、1972年には51社にすぎなかった。

このように店舗数では、小・零細規模の単位が依然として圧倒

◇ 表10-1　従業者規模別にみた小売業の店舗数構成比と販売額構成比

従業者	店舗数 構成比（％）				年間販売額構成比（％）			
規模（人）	68年	82年	07年	14年	68年	82年	07年	14年
計	100.0	100.0	100.0	100.0	100.0	100.0	100.0	100.0
1～2	65.8	60.2	44.3	40.8	17.0	14.0	5.4	4.6
3～4	21.3	24.0	22.2	21.8	18.5	18.9	8.8	7.6
5～9	9.2	10.9	17.7	18.8	20.6	22.0	17.8	17.1
10～19	2.6	3.1	10.1	11.4	12.8	12.5	20.4	20.9
20～29	0.6	0.9	2.8	3.5	5.1	6.1	9.5	10.5
30～49	0.4	0.6	1.5	1.9	5.5	6.4	9.0	9.6
50～99	0.2	0.3	1.0	1.2	5.6	5.7	10.9	12.1
100以上	0.1	0.1	0.4	0.5	14.8	14.3	18.2	17.7

(注)　2014年は07年以前とは調査方法の変更があり、直接の比較はできない。
(出所)　「商業統計」。

的な比重を占めてはいるものの、その構成比は縮小の方向にある。その一方で、個別店舗や個別企業、個別企業グループの大規模化が進行している。中小小売業における企業間組織による組織化についても、組織数および加盟店数が増加している。

⌘ 業種構造

すでに学んだように、小売業は産業分類によって、中分類、小分類、細分類と段階的に区分されている（表5-1参照）。

小売業の業種構造が変動する要因の基盤には、生産―消費構造の変化によって、小売業を通して販売される商品の種類別の増加がある。それは、相対的な価格の変動の影響をともないながら、小売業の販売額の構成に影響する。

小売段階を流通する商品量の増減があっても、それが業種構造における業種の発展・衰退に直接関連しない場合がある。それは、小売店舗の品揃え政策の変化の影響である。各種商品小売業や各種食料品小売業の発展は、各専門小売業に影響を与える（各種食料品小売業における非食品の販売額の増加は、各種食料品小売業の販売額を増加させる）。また、各業種における副次的な商品系列の増加も同様である。

◇ 表10-2　小売業の本支店別店舗数構成比　　　　　　（単位：％）

	1972年	1982年	1988年	1991年	2002年	2007年	2014年
単　独　店	88.8	81.2	78.1	75.8	71.8	67.4	61.7
本　　　店	3.3	4.7	4.8	5.2	3.7	3.9	4.5
支　　　店	8.4	14.2	17.1	19.0	24.5	28.7	33.9
（単独店の販売額構成比）	54.5	44.0	39.3	35.5	29.4	24.2	18.0

（出所）「商業統計」。

産業別の分類に生じたこのような問題によりいっそう接近する目的で,「商業統計調査」には品目編が設けられている。そこでは,品目別に取扱い延べ店舗数と販売額を調査している。

⌘ 地域構造

小売業は,店舗を単位としてみると,地域的な分散が著しい産業分野であり,人口の記録されている地域の大部分に小売店舗が存在している。しかし,その分布の態様には地区によって非常に大きな差異がみられる。集積度の著しい地区もあれば,わずかな

◇ 表10-3 小売業における業種別の店舗数と年間販売額構成比

(単位:%)

	店舗数				年間販売額			
	68年	82年	07年	14年	68年	82年	07年	14年
小売業	100.0	100.0	100.0	100.0	100.0	100.0	100.0	100.0
各種商品小売業	0.2	0.3	0.4	0.4	9.9	13.5	11.6	9.4
織物・衣服・身の回り品小売業	13.9	14.1	14.7	14.7	13.8	10.8	7.9	6.9
飲食料品小売業	49.5	42.1	34.3	30.5	33.0	30.6	30.3	26.4
(各種食料品小売業)	(4.2)	(5.3)	(3.0)	(2.9)	(5.2)	(11.2)	(12.7)	(12.1)
自動車・自転車小売業	3.8	4.9	7.3	8.5	10.1	9.5	11.7	12.0
家具・じゅう器・家庭用機械器具小売業	10.4	11.0	8.7	8.1	9.3	8.8	8.5	7.8
その他の小売業	22.2	27.6	34.7	38.1	22.2	26.8	30.0	37.6

(注) 1) 2014年から,小分類は各種商品小売業,織物・衣服・身の回り品小売業,飲食料品小売業,機械器具小売業,その他の小売業,無店舗小売業に組み換えられたが,これまでの分類にあわせて再編加工してある。
2) 2014年から,飲食料品小売業の料理品小売業に格付けされていたもののうち,主として持ち帰りサービス,配達サービスを行う事業所はサービス業に組み換えられた。
(出所)「商業統計」。

集積しか形成されていない地区も存在している。

　小売業の機能が集積し，消費者の買物活動が集中している地域の呼び方は多様であるが，最近では（小売）商業集積という用語の使用が多くなった（例えば「商業集積法」というように）。商店街も，商業集積の一形態である。地理学的には小売中心地（消費者からみれば買物中心地）であり，都市計画では商業地と呼ばれる。

　商業集積には，商圏の大きさからみた階層性が存在し，より上位の小売商業集積になるほど，販売額は多く，店舗数は増し，平均規模は大きくなる。ある水準を超えると，大型店が立地し，それも小規模なスーパーから大規模なスーパーへ，そして小規模な百貨店から大規模な百貨店へと，大規模化したり複雑化したりする。また，業種の数も増加し，最寄品業種と買回品業種に分けた場合，最寄品業種のみで構成される下位の商業集積に対し，上位の商業集積になるほど買回品業種の比重が増大していく。商業集積に買物に来る消費者の買物距離も上位の商業集積ほど大きくなる。商圏が広がるということで，商業集積の数は，より上位になるほど少数になる。

　また，巨大都市をみると，都市の内部に最上位の商業集積から最下位の商業集積までが存在する。さらに特定の業種に専門化した商業集積（東京の神田神保町の書店街，秋葉原の電気街など）も形成される。都市が小さくなると，一般的には，より上位の商業集積をもたなくなるが，小さな村にも最下位の，つまり最寄品

を中心とする商業集積は,消費者の日常生活を支えるうえで不可欠である。

このような小売商業集積の分布,それによって生ずる小売業の地域構造も固定的なものではなく,時間とともに絶対的・相対的に変化する。人口,所得水準,職業,交通条件の変化といった小売業の環境諸条件(とくに消費者の買物行動に影響する諸条件の変化)と小売企業の経営戦略の変化(どの立地にどのような店舗を設け,どのような経営を行うか)によって,小売業の地域構造に変化がもたらされるからである。

とくに人口増加の著しい巨大都市圏の周辺地域においては,急速に地位を上昇させた商業集積が出現しているが,全国的にも地位を上昇させた集積がみられる。また,計画的商業集積であるショッピング・センター(SC:shopping centre)の形式で新設された上位の商業集積もある。その反面で,その流れに取り残されて衰退した商業集積も数多くある。

また,所得水準の上昇,欲求の高度化,乗用車の普及などにより,消費者の移動性(モビリティ:mobility)を高める要因が増していること(反面,高齢化等はそれを低下させるが),小売業者が個別の店舗において,商店街などが集団として顧客吸引力の強化に努めていることによって,商業集積間の競争も激しくなった。

そのような変動の1つに,都市内の中心商店街の移動という現象がある。伝統的な街道沿いの商店街に代わって,駅前に投資が

集中し，より吸引力のある小売商業集積が形成された場合や，都市の郊外部や都市間の交通上の要衝に新しい商業集積が形成された場合がその例である。こうしたことから，都市内における最上位の小売商業集積の地位が交代する現象が各地で発生した。

⌘ 形態構造

 以上のように規模，業種，地域の3側面のそれぞれの分析を進めることによって，小売業の構造を理解するためには総合的な把握が不可欠であることがわかる。例えば，店舗が大規模化すれば取扱品目の増大が問題となる。そして，大規模店の立地は多くの制約を受ける。さらに，小売構造の単位となる属性は，これらの3側面のみではなく，その他の属性の差異による影響を受ける。そこで，さらなる総合的把握を図るための視座が有効となる。

 このような観点から，小売業の単位を形態（業態ともいう）概念で捕捉することが行われる。それを基礎にして全体をとらえたものが，小売業の形態構造である（次章参照）。

課　題

1) 日本の小売の店舗数（事業所数）と企業数はどちらが多いか。
2) 小売業に関して，大規模とか小規模などという場合に，どのように規模を測定するか。
3) 消費支出に占める飲食料品への支出（第6章），飲食料品小売販

売額に占める各種食料品小売業の構成比の増加（第5章）と小売業の業種構造における各種食料品小売業の販売額構成比（本章）を比較しながら，飲食料品小売店の品揃えの変化との関係を考慮しなさい。

＊飲食料品購入比率の減少－「複合型」小売業の展開－飲食料品以外の品揃え－各種食料品小売業の構成比の低下の減速。

4）小売店舗の地域的な分布を観察し，都市の規模と商業集積の大きさとの関係を調べてみよう。

＊同一人口規模の，伝統的都市と合併都市がある場合にはとくに関心をもって比較してみよう。

第11章

小売業の諸形態

⌘ 小売業の諸形態

　小売業の形態（retail type）は，店舗の形態，企業の形態，そして企業間組織（組織間関係）の形態の3つの次元でとらえることができる。

　小売店舗の形態（業態と呼ばれることも多い）は，具体的な小売業経営の場である店舗において，小売業の経営者が採用し実行する経営諸戦略を総合したものである。経営者は，目標とする市場を対象として，店舗の立地や品揃え，店舗規模，価格政策，販

◇ 本章で学ぶこと
　小売の店舗形態には，コンビニエンス・ストアやスーパー，百貨店，専門店など多様な形態がある。それらは，単独店舗による経営の場合もあれば，コーポレート・チェーンによるチェーン経営が採用されていることもあれば，フランチャイズ・チェーン形式をとることもある。こうした小売業の諸形態についての体系的な理解を図る。

売方法（対面販売，セルフ・サービス，信用販売，通信販売，その他），営業時間，付帯サービス（配達，返品・交換，駐車場，特典サービス，その他），店舗施設（外観，内装，店舗の雰囲気，付帯施設，その他）などについての意思決定を行う。

それとともに自らの店舗の形態についての全般的な特徴，あるいは小売ミックス上の特定の部分について，消費者に対して情報伝達を行い，購買を促進するための意思決定も行う必要がある。これらの意思決定の結果として，ある小売店舗の形態が成立する。小売ミックスの各属性をどのような内容にするのか，また，それらをどのように組み合わせて，消費者に対して小売サービスを提供するのか，これらの意思決定がどのような方向性で行われるかによって，異なる形態が選択されることになる。

小売企業は，明確な経営目標あるいは抽象的な経営目的に従って，経営資源・能力を用いて自社の店舗について，これらの意思決定を行い，店舗経営に従事する。時には，物理的な小売店舗を用いずに，無店舗による消費者への販売行為を行う意思決定がなされることもある。個々の小売企業に目を向けると，質的・規模的な差異は少なくない。それらが，本質的に同形な複数店舗を経営したり，異なる形態の店舗群を所有し，そのそれぞれを多店舗展開したりすることによって，小売店舗形態を包含した企業の形態が生成する。

企業の境界線を越えた次元においては，小売企業同士あるいは小売企業と他産業の企業との間で意思決定の部分的・全面的共同

化が行われると，経営資源も共有・共用化され，企業間組織（組織間関係）が形成される。こうした組織間関係においては，参加する企業の形態やそれぞれの関連性，組織化の目的などによって，異なる形態の企業間組織が形成される。

このように把握すると，小売業の形態は無限に増大することになる。しかしながら，通時的にその動態を網羅することは困難であるため，ある時期の特定の社会における小売形態を，代表的ないくつかの形態に集約したうえで論じることが現実的である。ただし，代表的な形態といっても，明確な区分をすることができない場合もある。百貨店と大規模な総合スーパーとの区分や小規模なスーパーとコンビニエンス・ストアの境界がきわめて曖昧であることなどは，その例である。また，適切な名称が存在しない小売形態もあり，その一方では同一形態でありながら，複数の呼称を与えられているものもある。

なぜ，小売業には多様な形態が生じるのであろうか。なぜ，同一形態に分類される小売店舗の間でも，その内容が異なってくるのだろうか。その原因として，以下の3要因を考えることにしたい。

第1に，消費者の間での小売業の機能に対する需要が多様であり，しかも変動するということが挙げられる。同じ消費者であっても，購入する商品の差異や買物の文脈によって，求める小売サービスは異なる。消費者が異なれば，なおさらである。例えば，近くで買いたい。遠くまで時間をかけて行ってもよいからゆっく

第11章　小売業の諸形態

り品選びをしたい。とにかく安いものが買いたい。品質が気に入れば高額な商品でも買うが，その代わり他の商品は買わずにすませる。現金で買いたい。割高でも割賦で買いたい。店舗の建築や内装が買う商品にふさわしく立派な店で買いたい。一緒に買物をする人びとが気になる。こうしたさまざまな欲求が，買物に関して存在することによって，小売形態が多様化したり，形態内での異質性が発生したりする。(第6章参照)。

第2の要因は，そのような機能を提供する企業の質的多様性や種々の革新を含んだ企業行動の差異である。小売企業には企業とはいえないような零細経営も多いが，規模の大小を問わず，積極的に経営を行い，利潤の極大化や企業の成長を指向するものもある。どのような企業であっても，明確に意図しているかどうかはともかく，その事業の存続のために，経営諸戦略についての決定を行っている点においては共通している。

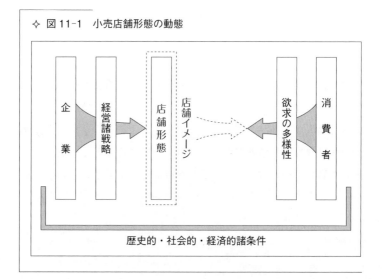

◇ 図11-1　小売店舗形態の動態

消費者の愛顧をより多く求めようとする経営者は，対象とする消費者の欲求に適合した経営諸戦略の組合せの創出を図る。そして，それらを標的市場において，より受容されやすいイメージにまとめあげようとする。こうした経営者の努力が，結果として独創的な形態を新たに生み出したり，既存の形態に変化をもたらしたりすることになる。

　新しい形態による小売経営の技術は，一国内はもとより，国際的にも移転する。しかし，そのような技術やノウハウを学習したからといって，それらを利用して，まったく同じ形態を，異なる時空間の社会で成立させることができるとは限らない。そこには第1，第2の要因を包含した，特定の時期，特定の社会の小売業のもつ歴史的・社会的・経済的諸条件が第3の要因として働く。ある形態を採用した小売業者がより適切に提供しうる流通サービス（流通産出）水準を要求する消費者の存在をはじめとして，生産・貿易の諸条件や都市構造，交通条件，情報伝達に関する諸条件，公共政策などに支えられて初めて，その形態の小売業が特定の社会に出現するのである。

　このような観点からとらえると，特定の社会における歴史的・社会的・経済的諸条件の変化に対応しながら，対象とする市場の消費者の欲求により適切に対応することのできる店舗形態を経営諸戦略の結晶物として創出し，その小売ミックスのイメージを明確にして消費者に伝達するという企業行動によって，新たな小売形態がつぎつぎに生成してきたことがわかる。また，これらが模

倣や差別化を繰り返し，さらなる形態の多様化を発生させているといえる。

⌘ 小売形態の動態に関する仮説

ここまで述べてきたような，小売業における形態の動態的展開は，流通研究の分野での主要な研究対象とされてきた。数多くの理論仮説が提示されているが，ここではそのうち最も代表的な仮説であるマクネア（M. P. McNair）による「小売の輪」仮説を紹介しよう（リーガンによる仮説とニールセンによる仮説は囲みで解説する）。

アメリカでは，19世紀後半以降，百貨店やスーパーマーケット，ディスカウント・ストアなどの新たな小売店舗形態の登場が相次ぐとともに，チェーンストア・オペレーションによる小売業の経営形態も採用されるようになった。これらの革新者は，それぞれに固有の方法を用いて営業費用を低減し，低価格を提供することで消費者からの選好を獲得した。革新者たちは，競争相手と

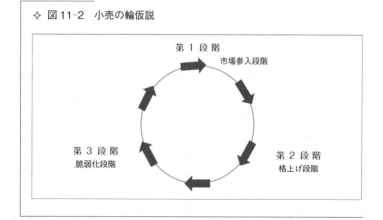

◇ 図11-2 小売の輪仮説

第1段階 市場参入段階

第2段階 格上げ段階

第3段階 脆弱化段階

◇ リーガンによる Simplex, Omni-plex, Multi-plex 仮説

　リーガン（W. J. Regan）は，マクネアが小売の輪仮説で提唱した格上げに加え**格下げ**（trade-down）の概念を導入し，それらを小売店舗が提供する商品とサービスの水準の組合せに関連づけることで，3つの特徴的な段階を経る形で小売店舗形態が発展することを説明することができるとした。リーガンは，商品とサービスの水準を高・中・低に分類し，当初は「低サービス-低価格」，「中程度のサービス-中程度の価格」あるいは「高サービス-高価格」といったように，商品とサービスそれぞれの水準間の対応が単純な図式となっているが，一定の条件のもとで両者の格上げや格下げが発生することによって，より複雑な組合せを生み出し，それが小売店舗形態の発展をもたらすというものである。

　第1段階では，高額商品は多くの小売サービスが付加されて販売される。低所得者向きの小売店では，安価な商品が限定的なサービスのもとで販売される。そして中間層の進出にともなって，中間的な商品とサービスを組み合わせた形態が登場する（ここでのサービスは，立地，品揃えなどを含んだ広義のサービスを指す）。

　経営環境の変化につれて，個々の小売業者は，商品またはサービスの格上げか格下げ，あるいは格上げと格下げの両者を行うことで売上高の増加を図る。これが第2段階である。

　さらに第3段階になると，商品とサービスの多様な組合せが実現して，高・中・低の商品とサービスのそれぞれの組合せのほかに，商品とサービスの格上げと格下げが交錯して実現する。

◇ 図11-3　リーガンの仮説

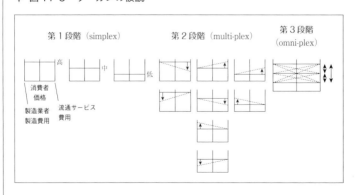

◇ ニールセンによる「真空地帯論」仮説

ニールセン（O. Nielsen）は，消費者による店舗形態に対する評価を取り入れた小売形態発展の理論仮説として「真空地帯論」（retail vacua）を提唱した。彼は，小売諸サービスについての消費者の評価は総合化が可能であるとし，サービスが増加するほど価格が高くなると仮定する。サービス量極小の状態からサービスを増加させると，価格は高くなるが，消費者の選好は増加する。しかし，それがある限度を超えると，サービス向上のために高くなった価格が好ましくないと評価する消費者が増加する。そこから，消費者の選好は減少する。そこで，図11-4のような選好分布曲線が描かれる。

いま，小売店 A, B, C があったとする。売上を増やすためには，A と C は最も選好されている B に，B との差異が認められる限度にまで近づく。すると，B の両側に位置する領域において，消費者の選好を求めた競争が激しくなるとともに，この曲線の両端で「真空」が生じる。そのそれぞれにおいて新たな参入が起こるとリーガンは説く。

この曲線が，所得水準の上昇や不況の到来などで左右に動くことによって，事業機会が増大したり，減少したりする点にも注目する必要がある。

◇ 図11-4　ニールセンの仮説

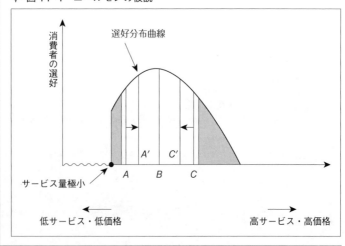

なる形態をとる小売店舗群から顧客を奪いつつ、消費者からの支持を受けて成長を遂げる。この過程は、同時に模倣者や追随者も生み出すため、革新者たちは店舗形態の**格上げ**（trade-up）に着手し、競争者との差別化を図るようになる。具体的には、品揃えする商品の品質を高めたり、店舗の立地や規模、設備の改善を図ったり、販売促進への注力に励んだりする。その結果、店舗で提供されるサービスが向上する一方で、営業費用が上昇するため、それを吸収するための高マージンの設定を余儀なくされる。

こうして、低サービス・低価格の形態として参入した革新者が、次第に高サービス・高価格の形態へと変化し、価格による訴求が困難になることはもちろん、参入当初とは異質なターゲットに働きかけることを強いられる。この弱みに対して、つぎなる革新者が登場し、新たな創意工夫をもって低営業費用の形態によって参入し、当初の革新者にとって代わる。ここで、**小売の輪**（Wheel of Retailing）が一巡するという仮説である。

⌘ 代表的な小売店舗形態と小売業の経営形態

以上のような理論仮説は、小売業の形態の展開を十分に説明するものではないが、中範囲の時間軸における観察を試みる場合には参考となるだろう。

つぎに、代表的な小売店舗形態と小売業の経営形態をみていこう。

⌘ 百貨店

　百貨店は，産業化の進展した近代社会の大都市の中心部に登場した。1852年にパリで生まれた衣料品店ボン・マルシェは，正札販売の導入を始め，低マージン・高回転による低価格販売，返品の自由，店内に自由に出入りして商品を手に取ってみることができる，などの革新的経営によって成長を遂げ，品揃えの総合化を通じて，1860年頃には百貨店に転化した。まもなく，ヨーロッパ，北米やオセアニアの大都市に百貨店が出現した。日本でも，明治末期から大正初期（1900〜10年代）にかけて，先駆的な呉服商が百貨店への転換を図った。それらの呉服商のうちには，すでに1673年に「現銀掛値なし」（掛売りでなく現金で安売し，正札を用いて誰にでも同じ値で販売する）を理念として開店するなどの革新を行っていた越後屋（現在の三越）のような例もある。1920年代になると，私鉄資本がターミナルに百貨店を創業するようになった。さらに日本経済の成長，都市化の進展とともに，各地で百貨店の新規参入がみられるとともに，店舗の大規模化が顕著になった。

　こうして確立した日本の百貨店は，大都市の中心部に巨大な店舗を構え，販売額も大きく，広く，深い品揃えの商品を部門別に

◇ **百貨店の仕入れと販売**　百貨店の豊富な品揃えには，販売の不確実性の高い新商品や流行品が多い衣服・身の回り品，あるいは鮮度が不可欠である食料品が含まれる。それら商品の取扱いには専門知識も求められる。そこで，返品条件付き買取仕入れや消化仕入れが普及し，納入業者の雇用する者が派遣労働者として百貨店の店頭で勤務している（2007年と12年の「商業統計」〔業態別統計編〕によると，百貨店の就労者に占める派遣従業者比率は，それぞれ64％と61％に達している）。納入業者の立場からすると，高い集客力を誇る百貨店に売場をもち，↗

管理する。同一店舗内で，高級品売場と特売場を含んだ多様な販売方法を並存させ，格上げ，格下げも取り入れている。店舗建築は高い水準にあり，装飾やレイアウトにも工夫をこらし，多くの従業員を雇用し，納入業者から派遣される販売員とともに対面販売をおもな販売方法としている。返品・交換の自由，無料配達，割賦販売，クレジット・カードによる販売，通信販売，電話販売，外商（出張販売）などの多様な販売方法やサービスを提供している。新聞を中心とした広告，ダイレクト・メール，展覧会などの各種催事による販売促進も多様に行われている。さらに消費のサービス化にともなって，各種の紹介，あっせんから文化教室まで多様な試みがなされている。

百貨店の発展は，とくに不況期において，中小小売業者との間に摩擦を生じさせた。昭和恐慌期における自制協定（1932年）と（第1次）百貨店法（1937年），そして第2次大戦後の復興過程における（第2次）百貨店法（1956年：73年に大規模小売店舗法に吸収された）は，業界および国が主体となって，百貨店の発展を抑制することを意図したものであった。

前述の通り，日本の百貨店には呉服店を前身にもつものと鉄道会社がその主たる事業との相乗効果を期待して創設したものがある。立地の観点に立つと，百貨店は東京，大阪，名古屋に本店を置く大規模な都市百貨店と，その他の地方百貨店に大別すること

→派遣店員を用いた販売を行うことで，最終消費者に関する情報を直接収集することができるだけでなく，上記のような特殊な取引形態と連動する形で，店頭の商品の入れ替えを自由に行うことができる。これにより，消費者に対して，常に新しい商品を提案することが可能となる。百貨店にとっては，商品の在庫保有による危険負担をともなわずに，品揃えの充実が実現する。しかし，現在では，相対的に百貨店の競争力が停滞している状況にあり，これら伝統的な取引慣行の効果は縮減している。

ができる。都市百貨店は既存店舗の大規模化や内装の改善を行い，品揃えを拡大し，サービスを充実させるとともに，国外を含む各地への出店を行った。しかし，その後，消費不況や同形態間競争・異形態間競争（とくに専門店チェーンとの競争）に直面した。一部の店舗が閉鎖に追い込まれただけでなく，同業他企業との経営統合，さらには巨大小売企業グループによる吸収の事例も出現した。

　地方百貨店の間でも，大規模化を遂げ，周辺都市への多店舗化を推進したものもみられるが，都市百貨店と同様な困難がさらに強く働き，経営困難に陥る状況が顕著になった。これら地方百貨店の間では，支店の閉鎖を余儀なくされたり，都市百貨店や全国でチェーンストア展開を行うスーパーとの提携やそれらによる吸収合併を選択したりするものも目立つようになった。都市百貨店と比較した場合，地方百貨店が消費者を吸引する地域小売市場の規模は狭小である。地方都市における伝統的な中心市街地が相対的に地位低下してきていることについては，地方百貨店の地位低下が関連している場合が多い。

⌘ チェーンストア

　チェーンストアは多店舗経営の企業を指す言葉の1つである。**チェーンストア・オペレーション**では，1つの企業が，（原則として）類似形態の複数店舗を所有し，本部による集中的な管理を行い，各店舗では標準化された経営が行われる。このチェーンス

トア方式によって、単位店舗は分散していても、企業として大規模化を図ることが可能となった。

アメリカやイギリスでは、19世紀の後半からチェーンストアが発展している。日本では、明治末期（1910年代）からいくつかの試みがなされ、第2次大戦前に106店まで達した髙島屋の均一店チェーンが初期の代表事例として知られている。しかし、これは後に、戦時経済のもとで経営基盤を失い、実質的な廃業を余儀なくされた。

日本でチェーンストアが本格的に展開し始めたのは、1960年代のことである。高度成長期の環境変化に適応しながら、アメリカのチェーンストア・オペレーションの理論を導入することによって、飛躍的な展開がみられた（表11-1参照）。スーパーを経営するチェーンストアとともに、家電、衣料品、ドラッグ・ストア、家具、100円ショップ等、専門店のチェーンストアが発展している。百貨店の間でも、一部、チェーンストア・オペレーションを採用した事例がみられる。

◇ 表11-1　店舗数別にみた複数店舗小売企業（法人のみ）とその比重

1企業の店舗数	企業数					年間販売額構成比（％）				
	72年	82年	97年	07年	14年	72年	82年	97年	07年	14年
2	16,993	27,341	31,118	21,661	19,016	7.4	7.6	6.8	4.8	4.9
3〜4	7,402	13,531	15,824	11,558	10,155	7.6	7.6	6.8	5.5	5.6
5〜9	2,913	5,440	6,753	5,483	5,608	9.9	10.8	9.6	7.9	8.7
10〜19	778	1,772	2,424	2,217	2,220	6.8	8.5	9.4	12.2	9.5
20〜49	218	653	1,206	1,230	1,254	3.5	7.8	12.1	11.7	16.4
50以上	51	185	503	646	790	2.5	9.6	21.0	30.9	41.1
（2以上）	28,355	48,922	57,828	42,795	39,043	37.7	51.9	65.6	73.0	86.1
小売業計	137(万)	172(万)	110(万)	82(万)	53(万)	100.0	100.0	100.0	100.0	100.0

（注）　小売業計は法人と個人の計。企業数は商業企業のうち小売業に属するもの。
（出所）　「商業統計」。

チェーンストアによって大規模化した小売企業は，個々の商品についても大量仕入を行うため，生産者に対する交渉力を強めた。独自の仕様に基づいた発注を行い，メーカーに生産を委託し，その小売業者の独自の商標であるプライベート・ブランド（PB）を付けて販売することも顕著になっている。

　チェーンストアのねらいの1つは，仕入組織を本部に中央集権化し，販売組織を各店舗に分権化することによって，**購買支配力**を獲得することである。これは，チェーンストアの基本原理であり，分散的な性格に特徴づけられた小売業において，小売企業が規模的な成長を遂げるために有効な考え方として位置づけられている。

　一方，チェーンストア・オペレーションによる経営を行う小売業者が所有・経営する店舗数が増加するにつれて，対象とする市場の地理的範囲が拡大するとともに，地理的に分散した地域小売市場（商圏）への個別の対応を迫られることになる。個々の店舗の商圏がもつ市場条件はそれぞれ異なっており，地域への密着が必要とされている。個々の店舗にどの程度の権限を委譲し，本部による統一的な意思決定の範囲をどこまでに設定するかについて，チェーンストアの基本原理を現実的に応用するさまざまな試みが行われている。その中で，ICT，物流技術を活用した取り組みや，近年では標準化と地域適応化を融合した商品調達の事例などが顕著になっている。

⌘ スーパー, 総合スーパー

　スーパーという用語は日本でつくられた語であるが, この形態はアメリカで発展したスーパーマーケットやディスカウント・ハウス, そしてチェーンストアの系譜をひくものである。1930年代の不況期アメリカでは, セルフ・サービスなどの手法による食料品の低価格販売を訴求して, **スーパーマーケット**が登場した。食料品のチェーンストアが店舗をスーパーマーケット化することで, 食料品小売業において圧倒的なシェアを占めるようになり, **スクランブルド・マーチャンダイジング**（scrambled merchandising）の考え方に従って非食品を品揃えに追加していった。飲食料品は一般に粗利率が低いため, 相対的な在庫の回転は遅いが粗利率の高い衣料品や住関連商品が品揃えされることで, 品揃えの総合化が進んだ。その革新性を, 第2次大戦直後に耐久消費財の小売に導入したのが, ディスカウント・ハウスであった。さらに, それらが品揃えに衣料品などを拡大し, チェーンストア化することで, **ディスカウント・ストア**と呼ばれる場合も多くなった。

　スーパーマーケットやディスカウント・ストア, そしてそれらに採用されたチェーンストアの組織は, 1950年代後半, 日本の小売業において一挙に導入された。日本経済の高度成長過程における規格品の少品種大量生産体制の確立, 消費者の所得水準の上昇と平準化, そして大都市圏の周辺部および地方中心都市における新たな人口集積とそれによる住宅地の展開などの要因は, この

◇ 表11-2　小売業の業態別店舗数，年間販売額構成比と業態分類

業　態	店舗数構成比（%）			年間販売額（100万円）		
	2002年	2007年	2014年	2002年	2007年	2014年
小 売 業 計	100.00	100.00	100.00	100.00	100.00	100.00
1. 百 貨 店	0.03	0.02	0.03	6.24	5.72	4.03
(1)大型百貨店	0.02	0.02	0.02	5.96	5.44	3.98
(2)その他の百貨店	0.00	0.00	0.00	0.27	0.29	0.05
2. 総合スーパー	0.13	0.14	0.18	6.30	5.53	4.92
(1)大型総合スーパー	0.12	0.12	0.15	5.97	5.16	4.45
(2)中型総合スーパー	0.01	0.02	0.03	0.34	0.37	0.47
3. 専門スーパー	2.85	3.12	4.14	17.49	17.67	18.31
(1)衣料品スーパー	0.49	0.63	1.11	1.17	1.25	1.79
(2)食料品スーパー	1.36	1.57	1.91	11.77	12.70	12.58
(3)住関連スーパー	1.00	0.92	1.12	4.55	3.72	3.93
（うちホームセンター）	0.34	0.36	0.55	2.28	2.26	2.58
4. コンビニエンス・ストア	3.21	3.84	4.53	4.97	5.20	5.30
（うち終日営業店）	2.49	3.23	3.90	4.23	4.64	4.79
5. ドラッグストア	1.13	1.12	1.88	1.85	2.24	3.52
（うちドラッグストア）	—	—	1.69	—	—	2.98
6. その他のスーパー	5.00	4.89	5.82	4.80	4.42	3.71
（うち各種商品取扱店）	0.06	0.09	0.08	0.14	0.25	0.20
7. 専 門 店	59.68	61.04	55.49	38.79	40.03	35.32
(1)衣料品専門店	8.16	8.34	6.96	3.27	3.02	2.03
(2)食料品専門店	15.70	15.52	12.00	5.48	5.36	2.88
(3)住関連専門店	35.81	37.18	36.53	30.04	31.65	30.41
8. 家電大型専門店	—	—	0.31	—	—	3.65
9. 中 心 店	27.80	25.67	24.61	19.39	19.08	15.80
(1)衣料品中心店	5.04	5.17	5.39	3.13	3.30	2.66
(2)食料品中心店	10.78	8.70	7.60	5.02	4.00	3.17
(3)住関連中心店	11.98	11.79	11.62	11.24	11.78	9.97
10. その他の小売店	0.17	0.16	0.14	0.17	0.11	0.17
（うち各種商品取扱店）	0.16	0.15	0.12	0.13	0.11	0.14
11. 無店舗販売	—	—	2.88	—	—	5.27
（うち通信・カタログ販売，インターネット販売）	—	—	0.75	—	—	3.21

(注)　1)　セルフ方式とは売場面積の50%以上についてセルフ・サービス方式
　　　2)　都の特別区および政令指定は，6000 m^2 以上と読み替える。
(出所)「商業統計」（業態別統計編）。

セルフ方式[1]	取扱商品	売場面積	営業時間【従業者数】
×	「511 百貨店，総合スーパー」に格付けされ，衣・食・住の商品群のそれぞれが，10% 以上 70% 未満。	3,000 m² 以上[2]	【50人以上】
		3,000 m² 未満[2]	
○		3,000 m² 以上[2]	【50人以上】
		3,000 m² 未満[2]	
○	衣が 70% 以上	250 m² 以上	
	食が 70% 以上		
	住が 70% 以上		
	うち金物・荒物・苗種子の和が 70% 未満		
○	飲食料品を扱っていること	30 m² 以上 250 m² 未満	14時間以上 終日営業
○	「6031 ドラッグストア」に格付けられた事業所。		
○	(2.3.4.5. 以外のセルフ店)		
×	各細分類ないし小分類のいずれかで 90% 以上		
×	機械器具小売業，電気事務機械器具小売業に格付けされた事業所。	500 m² 以上	
×	(7. 専門店に該当する店を除く)		
	衣が 50% 以上		
	食が 50% 以上		
	住が 50% 以上		
×	(1.7.8.9.11. 以外の非セルフ店)		
	訪問販売＋通信・カタログ販売＋インターネット販売＋自動販売機による販売が 100%	0 m²	
	無店舗販売のうち，通信・カタログ販売＋インターネット販売が 80% 以上		

を採用していることを意味する。

ような形態の台頭を支える基盤となった。こうした課業環境・制約環境の変化に積極的に対応した経営者たちは，アメリカにおいて発展を遂げた経営技術を学びながら，新形態の創出を試みた。この時期にみられた一連の小売形態革新は，大企業（百貨店，商社，私鉄など）の経営多角化戦略の一環として展開したものもあるが，多くは中小小売商の創業者，あるいは後継者の手によるものであった。

　これら小売形態はセルフ・サービス方式による販売を主体とし，低い営業経費で，低マージン・高回転販売により，低価格販売を行い，これを消費者に強力に訴求することを共通点として登場した。そのうちの多くはまもなく多店舗展開の途を辿り，既存の商業集積だけではなく，新しい立地に出店して地域社会に多様な影響を与えることになった。

　また，これらの小売業者は当初は食品主体あるいは衣料品主体のチェーンストアなどの限定された領域から登場したが，品揃えを食，衣，住のすべてに拡大し，総合スーパーとして急速に成長するものがみられるようになった。

　「セルフ・サービス店統計」によると，スーパーの販売額は，1970年代に百貨店のそれを上回った。小売販売額に占める百貨店の販売額構成比が停滞しているのに対して，スーパーはその構成比を増大させた。そして当時のスーパーのうち最大規模を誇ったダイエーの売上高は，1972年に百貨店の三越のそれを超え，ダイエーは日本最大の小売業の法人となった。

総合スーパーの台頭と急速な成長の過程において，小売販売額における同形態のシェアはさらに高まった。また，総合スーパーを経営する企業は，食品スーパー，専門店，コンビニエンス・ストア，ディスカウント・ストアなど複数の小売店舗形態に多角化し，チェーンストア・オペレーションによる経営を推進した。小売業以外においても，チェーンストア・オペレーションによる飲食店事業に総合スーパーが参入する事例が数多くみられた。

　その後も総合スーパーの売場面積は増加経路を辿ったが，販売額の増加は鈍化した。1990年代後半になると，経営破綻に直面する企業も現れた。総合スーパーの衰退の背景には，物流センターなどへの過剰投資に加え，不況による購買力の低下が作用していたことが指摘される。品揃えを総合化したことによって，各品目における購買支配力が低下した結果，低価格販売をてこにした総合スーパーの顧客吸引力は希薄化した。また，提供物の多様化を通じたサービスの向上を図る過程において，販売管理費率がさらに上昇し，総合スーパーの当初の特徴である「安売り店」の側面は失われた。さらには，品揃えを絞り込んだ専門店チェーンの台頭により，異形態間競争の中で，総合スーパーの各部門が劣位を強いられる状況が色濃くなっていった。

　日本においては，百貨店の登場に遅れること，およそ半世紀を経て，スーパーが現れ，その中から品揃えを拡大することで総合スーパー化を図り，急成長を遂げる展開がみられた。百貨店と同様，総合スーパーやスーパーの急速な展開は，伝統的に商店街を

形成してきた中小小売商の事業基盤を侵食することになり,しばしば紛争に発展することもあった。このようなことから,大型店規制の対象が百貨店だけでなく,スーパーを含む範囲に拡大される政策決定がなされ,1973年の大規模小売店舗法(大店法)の制定により,スーパーの出店に規制が課されるようになった。大店法による規制は,1980年代を通して強化されたが,90年代には規制緩和の方向に転換し,90年代半ばには売場面積1000 m² 未満の店舗出店は原則として自由化された。一連の規制緩和とともに競争構造に変化が生じ,異形態間競争が高まると同時に,スーパー間の同形態内競争もさらに顕在化するようになり,小売企業の大規模化も進んだ。

その結果,都市の郊外における大型店の大規模出店や都市間の開発が加速化し,都市計画と生活環境の調和が課題となった。こうした観点からの政策的関与として,2000年には,大型店出店地域における周辺生活環境への配慮と小売業,国民経済,地域社会の健全発展と国民生活の向上を目的とする大規模小売店舗立地法が制定された。なお,同年6月に大店法は廃止された。

✣ 無店舗販売

通信販売と自動販売,そして訪問販売は,無店舗販売と総称される。無店舗販売の形態に専従する場合を考えると,商品の実物展示を行う店舗はもたないが,小売業務を遂行するためには事務所や倉庫,機械の設置場所などの各種施設は必要とされる。無店

舗販売による小売は、上記3種の販売方法をとる小売業者によって行われるだけでなく、メーカーがこれらの方法を採用して消費者への直販を行う場合や店舗を有する小売業者が無店舗販売もあわせて行うケースなども含んでいる。表11-3は、「商業統計」によって把握することのできる無店舗販売の状況を整理したものである。ちなみに、自動販売機については、この統計の調査対象外となるものが多数設置されている。

(1) 通信販売

消費者は通常、小売店舗に出向して商品情報やその在庫情報の探索を行い、購入を決定した商品についての購入意思を表示（申し込み）し、代金を支払って商品を持ち帰る。この一連の行為は消費者が遂行する流通機能である。通信販売による小売形態では、消費者が担当するこれらの流通活動が他の手段によって代替される点にその特徴がみられる。情報や物流、決済などの技術的・制度的進展とともに、それらの活動が代替される方法は多様化している。

初期の通信販売においては、郵便制度を活用して、①売手が商

◇ 表11-3 小売業の販売形態別販売額構成比と事業所数構成比

	年間販売額構成比（％）			事業所数構成比（％）		
	1988年	2007年	2014年	1988年	2007年	2014年
店 頭 販 売	80.7	82.9	84.5	71.2	67.6	71.6
訪 問 販 売	11.6	6.2	5.5	10.3	9.1	9.4
通信・カタログ販売	1.2	3.0	2.6	1.3	4.0	2.0
インターネット販売	—	—	2.1	—	—	3.8
自動販売機販売	0.9	1.3	1.0	9.1	8.3	5.2
そ の 他	5.5	6.6	4.3	8.1	11.0	8.1
計	100.0	100.0	100.0	100.0	100.0	100.0

（注）インターネット販売は2007年まで通信・カタログ販売の内数。2014年より独立した項目として集計されている。
（出所）「商業統計」。

品に関する情報を買手に対して伝達する，②買手が購入を決定した商品の申し込みを行う，③売手が商品の配送を手配する，④買手が代金の支払いを行う，という方法によって，従来，消費者が小売店舗に出向する中で果たしていた流通機能が代替されるようになった。やがて①に示す情報伝達の媒体として新聞や雑誌，ラジオ，テレビなどが用いられるようになった。②のプロセスについては，郵送に加えて電話や双方向テレビが採用された。輸送業者は，商品の配送を担うだけでなく，消費者が代引受け取りを希望したときには代金の集金も担当する。

また，1990年代後半以降，急速にその商業目的の利用範囲を拡大しているインターネットは，上記の①②④において積極的に活用されている。また，物流情報との連携によって，買手による注文商品の配送状況の確認が可能になっており，③における利便性の向上にも貢献している。こうしたインターネットを介した取引は，電子商取引（electronic commerce/e-commerce）と呼ばれ，そのうちのB to C（business to consumer：企業から消費者への）取引が，インターネット小売（e-tailing/e-retailing）である。音楽やゲームなどのコンテンツ型製品や書籍，ソフトウェアなどの品目では，製品のデジタル化（無体化/無形財化）が進んでいるため，物流と情報流の統合が行われ，無店舗販売の利便性がより高くなっているといえる。

> ✧ B to C 電子商取引
> 　経済産業省による「電子商取引に関する市場調査」（各年）によると，消費者向け電子商取引による小売販売額は，2008年に2兆9330億円と推計されていたが，その後13年には5兆9931億円，14年には6兆8043億円の推計値となり，小売販売額全般が停滞する中，大きく増加している。小売販売額に占める電子商取引比率（EC化比率）は，2014年に4.37%となった。

インターネット販売を中心とする通信販売は，店舗型の小売形態と比較した場合，買物出向によって生じる時間費用や肉体的・心理的費用などの節約が可能になることや小売店舗の営業時間による制約から解放されること，あるいは商品に関する情報探索・在庫探索が効率化することなどの要因から，買物の文脈によっては消費者費用（買物費用の）低減に貢献するため，近年ではその利用がとくに広がってきている。

　ただし，反復購買によって消費者が商品の品質について熟知し，売手との取引の確実性についての信頼が醸成されている場合を除いては，選択する商品について，そして決済や配送についての安全性に関する不安を解消する必要がある。そのため，通信販売においては，無償による返品・交換や返金の補償が行われる場合が多い。通信販売の利用にあたって消費者は，最低限，商品の注文と受け取りに必要な情報を提供する必要があり，また売手がそれらの情報を記録することを認めて登録顧客になることを要求される場合もある。このことにより，通信販売による小売業者は顧客を特定化することが可能となる。これは，販売や商品企画の次元からとらえた場合の通信販売形態の利点の1つである。

(2) 自 動 販 売

　自動販売機による販売が広まることで，消費者は必要とする商品を手近な場所で，欲しいと思ったときに，手軽に購入することが可能となる。言い換えると，同一（銘柄の）商品の購入可能地点の立地分散化の程度が大きくなることで，消費者が知覚する流

通サービスの水準が高まるということである。自動販売によるコンビニエンス・ストアの店舗が試験的に導入されたかつての事例からもわかるように，自動販売は，セルフ・サービスによる小売店頭における販売業務において不可欠な計算と代金の決済を省略し，直接販売に要する人件費を不要にした形態としてとらえることができる。ただし，商品や釣銭の補充や代金の回収，機械・設備の保全のための人的作業は不可欠であり，機械の設置費用や設置場所，保全費用も発生する。また，自動販売を導入する地域における治安の水準は，その安定的稼働のための前提条件となる。

(3) 訪問販売

訪問販売では，販売員（セールスパーソン）が消費者の自宅や勤務先を訪ねて販売する形態が一般的になっている。路上や喫茶店など，営業所以外の場所での販売やホテルや公民館，貸会議室など店舗以外の空間を用いた期間限定の展示販売についても，訪問販売の範囲に含まれている。また，店舗内や路上などで勧誘を受け，営業所において売買契約を締結する場合も訪問販売として認識される。訪問販売を利用する際，消費者は一般的に自宅などにいながらにして商品の選択と購入を行うことができるが，選択可能な商品の幅が狭いことが多く，販売員が訪問するための人件費や交通費が多額となる傾向がある。伝統的な訪問販売には，薬や魚・野菜の行商をはじめとして，呉服商や百貨店の外商，御用聞きによる飲食料品の受注・配達などがある。これらに加えて，化粧品や書籍，自動車，家電などの商品では，メーカーやその販

売会社（販社）による訪問販売が行われている。特定の家庭やホテルなどの会場に顧客を集めて実施するパーティ販売も訪問販売の一種である。

訪問販売では，人的販売による説得効果が期待されるが，その効果を高めるためには広告などを通じて消費者に対して事前に情報伝達を行い，消費者が商品についての知識をもち，商品への関心を抱くことが望ましい。近年では，女性の就労率が高まり，在宅時間が減少していることや特定商取引法（特定商取引に関する法律）の改正によって，勧誘を受ける意志の確認と（勧誘を断られた際の）再勧誘の禁止が義務づけられたことなどが影響し，この形態による販売が困難となる場合が目立ち始めている。

⌘ 中小小売業者

小売業には大企業も存在するが，地域市場性という基本的性格を反映し，世界的にみても小売業は小規模性の強い産業である。日本には100万近くの中小零細の小売業者が存在し，その性格はきわめて多様である。ここでは，大企業が所有・経営する小規模な支店を除外し，事業所単位ではなく企業を単位として，中小小売業者について取り上げてみよう。

中小小売業者は大企業に対して一括して中小規模であるという性格に特徴づけられ，大企業が有するような経営資源を保有しないという共通点をもつ。しかし，中小小売業の内部に着目すると，その置かれている環境諸要因においても，企業の質や経営資源に

◇ 中小企業政策の対象
　中小企業基本法では，小売業の場合は，常時従業員50人以下，もしくは資本金・出資額5000万円以下の法人・個人を中小企業として政策の対象としている。

おいても,そして経営成果においてもきわめて多様な性格が存在する。

　中小企業の中には,家計補助を目的として小売業を営むものも含まれる。また中小小売業者の中で,最も多くみられるものが生業・家業と呼ばれるもので,業主と家族の生計維持を目標とする。企業家として,そこで目標とされる生活水準には大きなばらつきがある。一方で,現在の規模は中小であっても,経済計算のうえで,利潤極大化や資本の蓄積を目的として行動する企業家指向の中小小売業者も存在している。

　小規模・独立の小売業者による立地分散化や長時間営業による便宜性は,それらを重視する消費者に評価される。対象市場の範囲が限定されているため,商圏特性に適した品揃えを通じて消費者の購買代理者としての役割を果たすこともできる。十分な情報をもつ場合には買物の相談相手となることもでき,地域に密着した消費者との親しい関係や必要なアフター・サービスを十分に提供することで消費者に選好される可能性もある。また,消費財のうちには,大量取引の利益が得難い商品もある。中小小売業者の場合,投資負担が少なく,営業経費（とくに間接的経費）が低いことも採算の確保を助ける。高い勤労意欲をもち,弾力的な経営が指向される場合には,小規模の不利を補い,その利点を発揮させることも可能であり,小規模であっても存続することができる。

　一方,中小小売業者の提供する財とサービスの組合せに不満な消費者も,他に利用可能な店舗がなければ,中小小売商の店舗を

利用せざるをえないが，大型店が発展した状況においては買物出向先に変化が生じる。大規模小売業者の発展などの環境諸要因の変化に対する中小小売業者の対応は多様な形態をとるが，おおむねつぎの3類型に整理することができる。

① 積極対応型　経営資源と能力を活用して，店舗拡大や支店開設，経営内容の高度化，他業種への進出などによる対応を示す。積極対応を行った中小小売業者には，やがて大企業にまで成長を遂げる例もみられる。

② 順応型　①ほど積極的ではないが，仕入先の助言や同業者からの刺激などにより，徐々に品揃えや陳列方法を変化させる。また，店舗や施設の改善を図ったり，それらを移転したりするなどして経営を存続させ生活の基盤を確保したパターンを指す。

③ 衰退型　過度に急激な環境変化に直面している，あるいは経営者がそれに適応する術をもたない場合には，中小小売業者は課業環境や制約環境の変化に順応することができず，生計の維持も困難になる。この種の経路を辿る中小小売業者の間では，家族の賃労働化によって世帯収入を維持しようとする行動がみられるようになる一方で，営業の継承が困難となる。

こうしたことから，小売業においては毎年，相当数の廃業が発生している。過去においては新規開業の数と世代交代による事業継承の数が廃業数を上回っていたため，小売事業所数全体は増加していた。新規開業の多くは中小小売業者の被雇用者であった者によるが，他の産業における被雇用者や事業主による参入もみら

れた。しかし，地価や人件費の上昇にともなって，資金面からも小売業への新規参入への障壁が高まった。それとともに競争環境もより厳しくなったことから，小売業の魅力度が低下し，世代交代による事業継承と新規参入の件数が減少した。1980年代には，高齢者の退出による小売業における廃業数が新規参入や事業継承の数を超えるようになり，中小小売業者の数が減少に転じた。

　ちなみに，小売業全体としては，新規開業数は減少しているが，消費者の生活様式の多様化にともなって生まれた新たな需要への対応を図る新規性の高い商品を専門的に品揃えする店舗が，企業家的経営者，あるいはそうした生活様式の変化への共感力の高い経営者たちの手によって新規開業されることも少なくない。

⌘ 専 門 店

　専門店という言葉の意味する範囲は広く，商店街を構成する限定品目小売業者から専門店チェーンとして大企業に成長したものまで含まれている。これには，専門店が小売店舗形態の残余カテゴリであることと多分に関係している。

　限定された商品系列を扱っているというだけで専門店と呼ぶことは，少なくなっている。積極的な意味では，対象市場を限定した専門的品揃えがなされているうえに，豊富な専門知識をもった販売員，魅力ある店舗の内外装，陳列・照明，包装，優れた広告などの販売促進，適切なアフター・サービスなどを備えた小売業者が想定される。品揃えには，単一品目に特化して奥行きを深く

する場合もあるが，用途別に関連した商品を専門的に品揃えしたり，あるいは顧客のライフスタイルに関連したコンセプトに沿った拡大を行ったりするものもある。また，PBの普及にともなって専門店小売業者による生産過程への関与もみられる。

⌘ コンビニエンス・ストア

　飲食料品を中心にした小規模店の改善の方向の1つとして展開した小売店舗形態であり，日本では1970年代に登場して以来，急速な発展を遂げ，小売販売額の規模はすでに百貨店を大きく上回っている。コンビニエンス・ストアは，消費者が自宅などから徒歩，時には車での通りがかりに容易にアクセスすることのできる立地に店舗を構え，100 m^2 ほどの狭小な店舗で3000品目程度の飲食料品や日用雑貨を品揃えし，長時間営業を行う。立地分散化や入手可能時間といった側面で，消費者にとっての便宜性を提供する小売店舗形態であるといえる。

　小規模な店舗で広く浅い品揃えを適切に行うためには，1品目当たりのブランド数や1ブランド当たりのアイテム数の絞り込みが不可欠であると同時に，それらの入れ替えも常時行う必要がある。また，店舗内の在庫スペースの制約が大きいため，在庫数量を少量に保ちながら，品切れを防止することが望ましい。日本型コンビニエンス・ストアでは，とくに調理済み食品（ファストフード）の重要性が高いため，鮮度管理を行いつつ，各店舗への適時・適量・適品の供給体制が求められる。

コンビニエンス・ストアは、このような一連の制約のうえに成立している小売形態であり、それら課題の解決を図るための手段として、ICTや物流技術の活用、さらには組織間関係による取引革新や商品開発体制づくりなど、先進的な取り組みが行われている。また、多店舗化の展開については、フランチャイズ・チェーンやボランタリー・チェーンの本部が、情報ネットワークの形成を媒介として組織化を行っている。

⌘ 企業間組織（組織間関係）の形態

ボランタリー・チェーンとフランチャイズ・チェーン、そして商店街は、企業間組織によって形成される小売形態である。企業間の相互依存関係を積極的に強化することによって、個別企業が単独では得られない利益を得ようとするものである。しかし、そこには協調関係とともに衝突関係も存在すること、組織を形成すればすぐに利益があがるとは限らないことも理解する必要がある。

⌘ ボランタリー・チェーン

ボランタリー・チェーン（voluntary chain）は、チェーンストアの長所を参考にして、小規模の独立した事業者が、所有上の独立性を維持したまま、運営上の共同活動を行うものである。日本

◇ 表11-4　ボランタリー・チェーン加盟事業所と対合計比重

	加盟事業所数		加盟事業所比率（%）		年間販売額構成比（%）		売場面積構成比（%）	
	2007年	2014年	07年	14年	07年	14年	07年	14年
法人	23,690	12,810	4.2	2.9				
個人	9,235	2,675	1.6	0.8				
計	32,925	15,485	2.9	2.0	5.8	4.4	6.8	5.9

（出所）「商業統計」。

ではボランタリー・チェーンの組織化の中心となった機関に注目して，①製造業者主宰，②卸売業者主宰，③小売業者主宰の3種に区分していたが，今日では②と③のみを意味することが一般的である。しかし英米などでは②のみを指し，③はコーペラティブ・チェーン（retail cooperative）と呼ぶ。

日本におけるボランタリー・チェーンの導入は大正時代まで遡るが，本格的な普及は第2次大戦後にみられ，1966年以降は通商産業省（現・経済産業省）による助成制度も設けられた。

ボランタリー・チェーンには本部が存在する場合が多く，共同活動についての計画を策定し商品開発や集中仕入れ，保管・配送，販売促進，加盟店の指導・援助，金融，教育などの諸活動を行うとともに共同意識を高める努力を行う。

加盟店は，本部の運営について意見を述べ，共同意思決定に参画し，共同事業に協力し，規約に従いながら個店を経営する。

⌘ フランチャイズ・チェーン

フランチャイズとは，特定の地点で何かを行う自由，あるいは権利である。フランチャイズ・チェーン（franchise chain）には，フランチャイズを付与する者（フランチャイザー：本部）と，契約によってその権利を付与される者（フランチャイジー：加盟

◇ 表11-5　フランチャイズ・チェーン加盟事業所と対合計比重

	加盟事業所数		加盟事業所比率（％）		年間販売額構成比（％）		売場面積構成比（％）	
	2007年	2014年	07年	14年	07年	14年	07年	14年
法人	47,308	32,119	8.4	7.2				
個人	29,802	17,741	5.2	5.4				
計	77,110	49,860	6.8	6.4	8.2	7.1	7.2	5.9

（出所）「商業統計」。

店)が存在する。その契約の性質は本部が一方的に定める定型的な付合(ふごう)契約である。フランチャイズ契約には,権利(商標・商号の使用,事業経営のノウハウ,営業場所と対象地域,指導・援助など)とその代価(ロイヤリティ:royalty)および支払方法,加盟店の義務,そして契約終了の条件などが規定される。

　フランチャイズ・チェーンを組織化することで,本部側では,限られた人材と資金で,急速な拡大が可能となる。加盟店側では,本部が有する事業の知名度やノウハウを活用することができるため,資金や経営能力が不足している場合でもスムーズな創業が支援される。また,独立した経営者としての地位を得ることができる。

　フランチャイズ契約においては,しばしば契約自体の不完備性が高かったり,誇張した勧誘が行われたり,加盟店に不利な契約条項が含まれたりすることもある。中小小売商業振興法による規制や,公正取引委員会によって運用される独占禁止法による規制の対象として設定されている。また,フランチャイザー側の効率性追求を目的とした標準化に基づいた,本部による中央統制の程度が高い傾向があることから,能力や意欲のある加盟店にとっては,独自経営の自由な展開が困難になりがちである。

⌘ 製造業者による流通系列化

　製造業者が,自社製品の販売量の拡大・確保を図る目的で,特定の小売店を選定し,店舗の内外装を統一したり,共通の看板を

取り付けたりすることでコーポレート・チェーンと同様の統一イメージを作り出したうえで，経営の指導や販売促進の援助を行い，リベートの供与などによる動機づけを図ることが，流通系列化である。

小売業者にとっては，広範な広告を通じて消費者認知の高い製品を，メーカーの支援を受けながら優先的に取り扱うことで，経営の安定を図ることができた。しかし，原則として競争企業の製品の併売が認められず，メーカーによる推奨価格を守り，建値制の維持への協力を求められる。そのため，多数の企業の製品を，低価格で販売するスーパーや専門大型店チェーンが発展していく中で，メーカーの流通系列化政策はほころびをみせるようになった。その典型的な例が家電や化粧品，あるいは酒類小売業においてみられた。

⌘ 商店街とショッピング・センター

小売店舗は，地理的に広汎に分散している。ただし，その程度は一様ではなく，地域によってさまざまな規模，特徴をもった商業集積が形成されている。それらの集積形成過程の性格から，歴史的に形成された商店街と，計画的に造成され，統一的に運営されているショッピング・センターに大別してとらえることができる。

商店街は個別の企業が立地選択した結果，徐々に歴史的に形成されたものである。小売店舗の近接立地による利益の獲得が基盤

第11章 小売業の諸形態

となるため,商業集積間競争が激化すると,商業集積を構成するメンバーの間で,共同活動によって集積全体をより望ましい状態に近づけることの重要性が共有され,商店街近代化事業という形で推進されることになる。さらに,市街地の活性化と連動した商店街再開発事業が試みられ,「まちづくり」という広い枠組みでとらえられるようになっている。ただし,そのような近代化事業を遂行できている商店街は限られている。

　ショッピング・センターは,小売店の集積に,さらに飲食店その他の施設を加えて,ディベロッパーのもと,一体として計画・開発され,所有・運営されているものである。いわば,計画的商業集積である。買物・飲食以外では,大規模集客のために欠かせない駐車場や,教養・レジャー施設,郵便局,銀行,医療,福祉などのための諸施設がある。これらは,一体として地域の中心地として機能するものである。

　小売店舗による商業集積地を類型化する場合には,近隣型,地域型,広域型という区分が用いられるが,その規模の拡大を受け,さらに超広域型が設定されている。

⌘ 農協・生協による小売活動

　農業協同組合の共同事業には,農作物の販売事業と農業用品・生活用品の購買事業がある。後者は,組合員への販売活動となる。消費生活協同組合(生協:co-op)の供給事業も同様である。これらは組合員の相互扶助を目的とした非営利組織であるが,消費

✧ アウトレット(outlet)　「はけ口」を意味する語であるが,流通関連では企業の売残り品等の割引販売店の呼び名とされ,日本では有名ブランド品の直営販売店に使用された。さらに,ショッピング・センターの形式で開発された集積がアウトレットと略称されるようになった。

者の選択をめぐって競争するという点では営利事業と共通点をもち，中小小売業者との間で紛争を引き起こす可能性をもっている。

　生活協同組合は，参加者による自主的な組織であり，その起源は，1844年にイギリスの織布工がロッチデールで組織した組合に遡る。日本においても，生協運動は，明治時代に始まった。生協は地域，職域，あるいは学校などを基盤にして，消費者によって組織化されたものである。これらの区分の生協の中でもとりわけ地域生協の発展が目覚ましく，有力生協間の合併もみられて，大規模化が進行している。ただし，消費生活協同組合法では各生協の活動を長きにわたって原則として単一都道府県内に制限していた。現在では，法改正により隣接都府県を区域とする生協の設立が認められている。生協は，その起源や発展の経緯からも，有害商品の追放，物価上昇の阻止などコンシューマリズムの大きな拠点としての役割を期待されており，商品の自主的な開発や生産者との提携なども事業の範囲に含まれている。生協は組合員の共同組織であるが，同時に経営組織でもあり，他の組織との競争に直面する中で提携や合併によって規模拡大を遂げ，経営の強化を図っている。

課題

1) 小売店舗の形態（業態）は小売企業の経営者が創出するということについて，各々の形態を代表するいくつかの小売業者の発展プロセスや環境要因を踏まえて考えなさい。

2) 百貨店，スーパー，コンビニエンス・ストア等それぞれの名称で呼ばれている小売店舗同士を同形態内で比較し，共通点と相違点について検討を行いなさい。

3) チェーンストア（コーポレート・チェーン）とボランタリー・チェーン，フランチャイズ・チェーンの共通点と相違点を指摘しなさい。

4) 中小小売業者の多様性を，身近な商店街の観察や大企業の経営史とともに，整理しなさい。

◇ もう一歩考えてみよう： 小売店舗形態（業態）の新たな展開

　本章においては，小売業における代表的な業態について検討してきた。しかし同一の業態名に一括されている場合でも，企業ごとに，店舗ごとに多様性があり，しかもその変動は激しい。それは経営環境に差異と変化があるとともに，それらに直面する企業の経営資源と経営行動が異質な性格をもっているからである。新たに出現した業態の新規性には，つぎのような諸要因が関連する。

　① 立　　地　　都市の拡大とともに，低地価で道路が整備された場所に，自動車による買物客を対象として郊外型の店舗や店舗集積が立地した。しかし郊外における競争の激化や郊外開発の規制，高地価の中心部における地価下落と閉鎖事業所の増加，再開発等による空間の新設等により，再び，都市中心部活用の可能性が生じた。また，高齢化と過疎化が進行している地域への消費財の供給は小売業の課題となっており，これに対応する業態が望まれている。

　② 品　揃　え　　消費者欲求には，品揃えを拡大する要因がある。関連商品のワン・ストップ・ショッピングへの要求があるとともに，品揃えを拡大しても単品管理と総合管理を可能にする経営能力が，情報化や物流高度化を中心にみられてきた。しかし，各業態においてそれぞれ品揃えの拡大が推進されると，業態間での品揃えの重複部分が大きくなり，異業態間競争を深刻化させるおそれがある。他方では，個性的消費者の趣味的指向に対応するために，狭く深い品揃えが求められ，さらに加工サービスの技術も必要になるが，そこでは経営者自身の趣味や教養が活用される。

　③ 規　　模　　品揃えを拡大するためには，広く浅いコンビニエンス・ストア型店舗の例を除いては，店舗規模を拡大するか，ショッピング・センターを設置する必要がある。大規模化した小売店舗を支えるためには，大量の買物客を誘引しなければならず，そのための交通手段にも配慮する必要がある。広大な駐車場の設置は，その典型的手法である。近年では鉄道駅の改札内（いわゆる「駅ナカ」）や，バス・ターミナル内，高速道路のサービス・エリアや「道の駅」等の活用もみられる。狭く深い品揃えを行う場合は，店舗規模は狭小でも可能である。この種の店舗形態では多店舗化を通じた企業規模の拡大が可能であるが，それによって店舗の個性が希薄化する危険性がある。

　④ 価　　格　　消費水準が停滞したり，所得格差が拡大したりす↗

→る状況では，消費者の価格指向が鮮明になる傾向がある。価格指向に対応するために，大量仕入れのノウハウやPB商品の強化，あるいは販売経費の削減といった分野での伝統的な手法の改善が試みられる。ただし，こうした状況はすべての消費財における価格指向をもたらすわけではない。品質指向が高まったり，個性が求められたり，専門的なアドバイスやサービスを尊重する消費者の存在を無視することはできない。また，価格と品質の双方を指向する消費者の台頭にも着目する必要がある。

第12章

卸売業の役割と機能

⌘ 卸売・卸売業

　小売との対比で学んだように，卸売とは消費者以外への販売をいい，買手となるのは，購入した財を産業用使用のために投入する企業・政府と，購入した財を再販売する企業（卸売業，小売業）である。

　図12-1からも明らかなように，卸売を行うのは卸売業者だけでなく，生産者や時には小売業者も卸売をする。さらに事業所単位で考察すると複雑になる。「商業統計」などでは，基本的な調査単位は事業所であり，副次的に商業企業を集計している。そこで，生産者が複数事業所をもっていると，生産者の本社は生産の

◇ 本章で学ぶこと
　卸売業は一般的には小売業よりも理解しにくいようである。本章では，卸売業が果たしている社会的役割とその機能を整理し，さらにその存立基盤に影響を与える諸要因を考えてみよう。

◇ 図12-1 小売と卸売（企業）

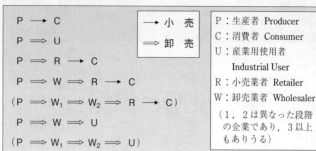

◇ 図12-2 卸売企業と卸売事業所

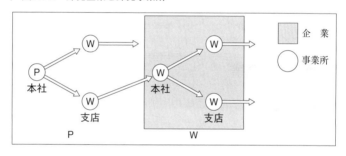

◇ 表12-1 卸売業の本支店別，事業所数・年間販売額

	事業所数				年間販売額	
	2007年		2014年		2007年	2014年
卸売業　計	334,799	100.0%	263,883	100.0%	100.0%	100.0%
単独事業所	200,724	60.0	147,522	55.9	16.8	12.4
本　　店	29,454	8.8	27,371	10.4	34.9	42.1
支　店　計	104,621	31.2	88,990	33.7	48.3	45.5
本店が商業	73,614	22.0	66,399	25.1	32.9	35.2
本店が製造業	21,703	6.5	19,198	7.3	11.0	9.2
本店が他産業	9,304	2.8	3,393	1.3	4.4	1.1

（出所）「商業統計」。

内容によって,製造業,鉱業,水産業,農業などに分類される。しかし,工場や鉱山などの生産の現場である事業所を除いて,販売のための事業所(支店,営業所など)は卸売業の事業所に分類される。

卸売業ではすべての財が取り扱われるが,便宜的に,小分類業種をつぎのように振り分けた3類型によって分類される。①生産財:繊維品,化学製品,鉱物・金属材料,再生資源。②資本財:建築材料,一般機械器具,自動車,電気機械器具,その他の機械器具。③消費財:衣服・身の回り品,農畜産物,食料・飲料,家具・建具・じゅう器等,医薬品・化粧品等,「その他」。ただし,これらの3財のそれぞれが販売額の10%以上を占める,従業者100人以上の事業所は各種商品卸売業とされる。仲立手数料が商品販売額より多い事業所は代理商,仲立業として分類される。これは細分類によるものであり,「その他」の一部である。

⌘ 卸売業の役割

卸売部門は,一方の供給側の生産者と国外,他方の需要側の小売業者,産業用使用者と国外,の供給と需要の間に介在する。卸売部門の介在を必要としない流通も存在するが,卸売部門を介在

◇ 表12-2 卸売業(法人)の仕入先・販売先別年間販売額,構成比(%)

仕 入 先	2007年	2014年		販 売 先	2007年	2014年
計	100.0	100.0		計	100.0	100.0
本支店間移動	26.1	27.4	卸売	本支店間移動	5.8	4.3
自店内製造	0.1	0.1		卸売業者	34.0	35.8
生産業者:親会社	4.1	3.1		小売業者	23.0	22.8
その他の生産業者	27.9	26.9		産業用使用者・その他	31.4	31.5
卸売業者,その他	31.9	34.1		国外(直接輸出)	5.0	4.9
国外(直接輸入)	9.9	8.4		小売(消費者)	0.7	0.7

(出所) 「商業統計」。

する流通が圧倒的に大きな比重をみせている。例えば小売業の法人事業所の仕入先は，法人内の移動を除くと，66.6％（2014年）が卸売業者であり，飲食料品小売業ではさらに大きな比率（81.6％）になる。また，日本経済において不可欠の輸出入は，生産者や小売業者が行う部分が徐々に増加しているとはいえ，まだ圧倒的に商社と呼ばれる卸売業者を通して行われている（第13章参照）。

約390万人もの人びとの従事する卸売部門が存在することによって，初めて財の流通が実現し，卸売部門の介在によって流通費用の節約機会が生じる場合が多い。

卸売部門の介在が果たす社会的役割は，つぎのように整理することができる。

① 需給結合　　需要側の小売業者・産業用使用者，供給側の生産者の需給がともに小規模で，情報，能力，資金が不足しており，双方の間に距離が存在する場合が典型的である。卸売業者が存在しなければ生産活動そのものが存在しえない場合があることは，すでに問屋制度に関連して学んだ。この場合，卸売業者が製品企画を行い，生産の量・時期についての指示を生産者に与え，製品の販売を一手に引き受けるだけではない。生産設備や原材料を供給し，新技術を紹介し，その生産設備や原材料の供給者に対しても販売先を確保するといった役割を，相当程度，大規模化した生産者に向けても遂行している。

小売業者の場合にも，卸売部門による同様の機能遂行を通じて，

その基盤が支えられているといえる。生産段階について何らの知識ももたない小規模・零細の小売業者が広く分散して存在しうるのも卸売部門が存立しているからである。その意味においては，卸売部門は間接的な形で消費者の生活に対しても重要な役割を果たしていることになる。日本中に立地する多数の，多様な企業が，その事業所において事業活動のために必要とする産業財を購入する場合も同様のことがあてはまる。

② **品揃えの形成**　需給結合の役割を遂行するにあたっても，卸売部門における品揃え形成の役割遂行は不可欠である。品揃え形成とは，生産され，流通過程に投入された異質な財の組合せを，需要側にとって意味のある組合せに変換する役割である。生鮮食品の場合が典型であるとされるが，自然条件から異質になってしまっている生産物を，規格，等級によって「選別」する。そして同一の規格，等級の財の「集積」を作り上げる。需要地では，集積されたものを小口に分ける「分荷」が行われ，需要に適した多様な財を適当な量だけ組み合わせて「品揃え」が形成される。最終的な需要者あるいは小売業者が商品を選択しやすいように，中間的な品揃えを形成しておくことで，意義のある役割が果たされる。

③ **流通費用の節約**　すでに第8章で学んだ商業部門の介在による流通費用の節約の応用である。生産者と小売業者・産業用使用者の間に介在する卸売業者の存在を費用面でみると，卸売業者の介在が費用を増加させるようにとらえられがちであるが，全

体としての流通費用をかえって削減することで社会的役割を果たしうることが多い。

　以上のような役割を卸売部門がどこまで果たすかは固定的でなく，生産者や小売業者の大規模化，企業間組織の形成，各方面の新技術の出現などによって流動的である。

⌘ 卸売業の機能

　卸売業者は，繰り返し学んだように，流通機能の一部を分担し，時には生産機能をも遂行する。

(1) 所有権移転機能

　標的とする市場に適合する財を仕入れるために，仕入先と財を定め，取引内容について契約し，代金を支払う。同様のことを販売先に対して行う。複数の売手から購入し，複数の買手に販売するところに卸売業者の基本的な特質がある。しかし，大規模な生産者の内部に組織化された卸売部門（総合卸）や，系列化された卸売業者（系統卸）は，特定の生産者の製品のみを扱う。代金の決済に関して金融が行われることは小売よりもはるかに多い。仕入れに対する支払いの期間と販売先からの受取りの期間を比較すると，後者のほうが長期である場合が多い。

(2) 危険負担機能

　所有することが危険を負担することであることは，すでに学んだ（第2章）。卸売業においては，とくに見込みで発注し，見込

みで在庫することがしばしばある。このように卸売業者が中間で在庫を保有することにより,需要者は必要な数量の商品を必要なときに注文し購入することができる。商品の統一コード化と流通情報システム化(受発注情報や在庫情報)の進展により,需要と供給の調整のために必要とされる中間在庫(卸売業者の保有する在庫)の量は減少しているが,必要なときに必要な量を仕入れたいとする需要者(小売業者)の要請に応えるために,卸売業者による在庫保有(危険負担機能)が行われるのである。相場の変動を見込んだ取引の場合も同様である。また上記の金融には代金回収が困難になることによる貸倒れが発生する。これらの例の示すような危険を卸売業者が負担することは,その役割の遂行において不可欠である。

(3) 情報伝達機能

卸売業者から販売先への情報伝達は,主として営業担当者により行われる。パンフレットやカタログ,価格表などの印刷物も用いられる。しかし,所有権移転のための契約や代金の受取り,そしてその前提としての交渉における情報交換や価格の決定など,一連の取引活動は「顔を見合わせ」て対面式で行われる。このような慣行によって口頭による情報伝達は,最も重要な情報伝達の手段として認識されている。

新製品や有力ブランド品などの販売先を生産者に代わって開拓し,販売促進を行うことも,卸売業者の重要な活動の1つである。販売先や最終的な需要者,さらには販売動向に関する情報の収集

が積極的に行われる。それらは生産部門に伝達され，製品の開発を促進するとともに，危険負担に備えるために利用される。

販売先に対する特殊な情報伝達に，経営指導や支援がある。消費財の卸売業者が存立するためには，その取引先である小売業者の存在が欠かせない。こうしたことから，小売経営に関する情報を，卸売業者が小売業者に伝え，その改善や向上に貢献しようとする。

以上のような情報伝達のうち，継続的に行われる受注・発注のように定型化された部分については，コンピュータを用いて，オンラインによる伝達が行われるようになっており，物流情報，在庫情報，販促情報，決済情報などやそれらに関わる各種メッセージを総合化した流通 EDI，とりわけ流通 BMS の整備が進められている（第4章参照）。

(4) 物 流 機 能

歴史的には卸売業者と物流は密接な関連をもつ。卸売業者は，遠距離輸送を自ら遂行し，自家倉庫に保管した。その経緯は，中世の問丸および近世の問屋の成立過程にみることができる。

今日では，消費財分野，産業財分野ともに，多頻度・少量（小ロット）の配送への要請が強く，卸売業者の間では，物流機能の強化が不可欠となっている。物流は多くの卸売業者にとって最重要機能の1つであり，販売先の要請に合わせた物流サービスを提供するために物流体制（保管と配送）の整備が進められている。

また，新しい傾向もいくつか出現している。大規模なチェーン

ストアが物流センターを設け，各店舗分を品揃えして出荷している場合には，卸売業者はセンターまでの納品を行う一方で，各店舗までの配送を担当しないことで費用が少なくなる分として小売業者に手数料を支払わされる事例が多い。これを物流センター・フィーという。さらに，卸売業者が共同して物流を遂行する場合もある。

(5) 生産・加工機能

卸売業者の間では，流通加工の形態を通して財の変換に関与する者もかなり存在する。その1つの類型は，衣料品などの消費財分野でみられる「製造卸」である。自ら工場を所有して生産するとともに，他の生産者の製品も仕入れて，品揃えを広げ，卸売を行う。また，すでに第3章で学んだような流通加工を行う場合がある。さらに，プライベート・ブランド（PB）商品の企画・調達と品揃えを行う卸売業者の活動もあり，独自の製品開発などを通して生産に関与する場合も多い。

企業の経営・管理に関する活動も小売業と同様に行われているが，ここでは省略する。

課　題

1) 「商業統計」による卸売業の事業所には，卸売業者ではない企業の事業所が含まれている。どのような産業の企業なのか事例を想定してみなさい。

＊○○自動車株式会社や△△水産株式会社の□□市にある支店・営

業所は，事業所としてはどのように分類されるか。事業所の定義は第10章参照。
2) 卸売業の果たす社会的役割は，卸売業者が存在しなくとも遂行される可能性があることを論じなさい。
3) 卸売業者の中間的な品揃え形成が，小売業者の活動をどのように支えているかについて考えてみなさい。
4) 中小小売業者の経営を卸売業者が支援する仕組みをリテール・サポートと呼んでいるが，卸売業者はどのような支援をすることができるだろうか。
   ＊第9章で述べた小売業の経営改善に必要な情報の提供，販売する商品の選択，物流の改善。

◇ もう一歩考えてみよう： 日本のW／R比率（卸・小売比率）

卸売販売額と小売販売額との比率であり，流通の多段階性の指標とされる。流通経路において卸売段階の数が多いと，販売額が重複して計算されるために，この比率が高くなるとされる。下の表に示されるように，国際比較をすると，日本の比率は高い。

その理由の1つは，日本の卸売業の販売額には，産業用使用者への産業財の販売額が多く含まれており，それは小売業者を経由しない財である。同様に輸出も小売業者を経由しない。したがって消費財のみの比率は低下する。

また日本に小規模な小売業者や小規模な生産者が多いことが，卸売業者の多段階の存在を必要としていることもまた理解しなければならない。ただし，1990年代以降の産業構造変化，情報システム化と物流高度化を背景に，日本の卸売流通構造の簡素化が進展している。

◇ 表12-3 各国のW／R比率

	1982年	1988年
日　本	3.53	3.10
アメリカ	1.09	0.99 (1987)
フランス	1.16	1.18 (1987)
西ドイツ	1.67 (1979)	1.80 (1985)
イギリス	1.93	2.09 (1984)

（出所）丸山雅祥『日本市場の競争構造』創文社，1992年。

第13章

卸売業の構造と諸形態

⌘ 卸売業の段階構造

　流通経路において，小売業は1段階しか存在しないが，卸売業は，その内部で1段階にとどまらず，2段階以上存在することもありうる。

　その最も典型的な例は，①収集，②中継，③分散の3段階に分化する場合である。収集卸売業は，小規模な生産者から小口で買い集め，品質を整えながら大口にまとめて販売する。生産部門の小規模・分散性が高い農・水産物や中小工業製品では収集段階が必要になるが，生産部門の地理的な集中度の高い大規模な製造業

◇ **本章で学ぶこと**
　卸売業には巨大な総合商社もあれば，輸出あるいは輸入を地域的な品目別に扱う専門商社，食品など業種別総合卸売業者，地場産業と密接に結びついた産地的な市場を対象とした零細卸売業者まで，多様なものが存在する。

者の製品では収集段階が不要である。分散卸売業は大口で仕入れた財を小口に分け，小規模な小売業者や産業用使用者に販売する。大規模な小売業者や産業用使用者は，大量に購入するため分散卸売業者を経由する必要がない。

　中継卸売業は，大口の供給者と大口の需要者を結びつけて取引を成立させる。収集卸売業と分散卸売業の間の取引，大規模な生産者と大口の産業用使用者との間の取引，大規模な消費財製造業者と分散卸売業との間の取引などには，中継段階が機能する。

◇ 表13-1　卸売業の流通経路別類型

（仕入先）	卸の経路別類型	（販売先）
生産業者・国外	第1次卸──┬─直取引卸──┬─他部門直取引卸	産業用使用者・国外・小売業者
	│　　　　　　└─小売直取引卸	
	└─元卸	卸売業者
卸売業者	第2次卸──┬─中間卸	卸売業者
	└─最終卸	産業用使用者・国外・小売業者

（注）　本支店間卸と自店内製造品卸を除く。
（出所）「商業統計」（流通経路別統計編）。

◇ 表13-2　卸の類型別にみた年間販売額構成比　　　（単位：％）

	卸売業計	他部門直取引卸	小売直取引卸	元　卸	中間卸	最終卸	その他の卸
1968年	100.0	16.9	13.0	23.0	9.2	16.1	21.7
74	100.0	24.4	10.5	16.2	8.4	15.4	25.2
88	100.0	18.5	9.5	13.1	9.4	16.1	33.5
94	100.0	17.6	11.4	10.8	13.1	14.9	32.3
97	100.0	22.4	9.3	10.3	8.1	14.3	35.6
2002	100.0	21.9	9.2	12.4	9.4	15.1	31.9
07	100.0	22.0	9.5	10.5	9.3	17.7	31.1
14	100.0	20.5	10.3	9.2	9.2	22.0	28.8

（出所）「商業統計」（流通経路別統計編）。

これらの中間段階が存立する場合と存立しない場合があるが，存立するほうが望ましい理由は，すでに述べたように，商業がなぜ介在するか（第8章），卸売業がなぜ存在するか（第12章）についてと同様である。

さて，現実に日本の卸売業がどのような段階構造を形成しているかについては，商業統計調査によって集計されている。同調査では，仕入先と販売先の区分を用いて，卸売事業所に表13-1のような名称を付している。

この分類は，それぞれの事業所の仕入先，販売先のうち最大のもので区分を行っているが，ここでは，本支店間卸（販売先ないし仕入先が同一企業内である場合）と自店内製造品卸は除外している。

これらの類型別の販売額構成比が，表13-2に示されている（法人のみの集計である。なお，2014年の個人は年間販売額で0.4%のみである）。

⌘ 卸売業の規模構造

卸売業は，小売業ほどではないが，小規模事業所の多い産業で

◇ 表13-3　卸売業の従業者規模別にみた事業所数構成比　（単位：%）

	卸売業計 （実数）	1～ 2人	3～ 4人	5～ 9人	10～ 19人	20～ 29人	30～ 49人	50～ 99人	100人 以上
1968年	100（239,507）	21.6	22.2	28.0	16.2	5.2	3.7	2.1	1.0
88	100（436,421）	21.8	25.2	27.9	14.8	4.6	3.2	1.8	0.6
91	100（475,967）	20.7	25.8	28.0	15.1	4.6	3.2	1.8	0.8
97	100（391,574）	21.2	24.0	27.8	15.8	4.9	3.4	1.9	0.8
2002	100（373,549）	22.3	23.4	27.8	15.7	4.8	3.3	1.9	0.8
04	100（375,269）	23.0	23.9	27.4	15.3	4.7	3.2	1.7	0.8
07	100（334,799）	23.1	23.4	27.1	15.6	4.9	3.4	1.8	0.8
14	100（265,312）	26.2	22.8	25.9	14.8	4.6	3.1	1.7	0.8

（出所）「商業統計」。

ある（表13-3）。営業拡大のための小規模営業所の設立による影響を受け，卸売業の小規模事業所は増加傾向にあった。しかし，最近ではそれらの取引先となっていた小規模事業所の減少もあってその数を減らしている。ただし，卸売事業者の総数の減少があったために，その構成比はほとんど変化していない。

他方，卸売業にも巨大な企業が存在する。2014年には従業者1000人以上の卸売企業は159企業，平均従業者数2443人で，それらの年間販売額は法人，個人を含めた卸売業計の24%に達した。

⌘ 卸売業の業種構造

日本標準産業分類では卸売業は，中分類6業種，小分類20業種，細分類82業種に分類されている。各種商品卸売業と代理商，仲立業を除いては，販売する商品のうち最も多いものによって産業別に分類されている。さらに生産財，資本財および消費財の別に集計することも行われている。各種商品卸売業はこれら3財にわたる商品を販売する業種とされ，1968年の「商業統計」から用いられたが，それまでは事業所ごとに取扱品目が最大の業種に分類されていた。

小売業の業種構造における品揃えの総合化傾向に対応して，食料品に日用品の雑貨類を加えるなど，卸売業の中分類業種にまたがる品揃えの拡大の例もみられなくはないが，一般的には各中分類業種の中での総合化への動きがみられる（物流のみを統合する

形態での，業種を越えた共同輸送の事例も，スーパーやコンビニエンス・ストアといった総合型小売業への対応である）。

✤ 卸売業の地域構造

卸売業は，小売業と同様に都市と密接な関係をもつが，小売業以上に上位都市への集中が著しい。「商業統計」（2014 年）によると，全国の卸売業年間販売額に占める上位都道府県の構成比は，東京都 42.6%，大阪府 10.9%，愛知県 8.0% となっており，この 3 都府県で 62% と大きな比重を占める。これに続くのは福岡

表13-4　卸売業の業種別にみた年間販売額構成比　　　（単位：%）

産業分類	88 年	97 年	07 年	14 年
卸売業　計	100.0	100.0	100.0	100.0
各種商品卸売業	17.1	15.0	11.9	7.3
繊維品卸売業	3.1	1.6	1.0	0.7
衣服卸売業	2.6	2.3	1.7	1.2
身の回り品卸売業	1.7	1.4	1.2	1.1
農畜産物・水産物卸売業	12.5	10.7	8.5	8.6
食料・飲料卸売業	8.9	9.7	9.8	11.5
建築材料卸売業	6.0	6.7	5.4	5.0
化学製品卸売業	4.4	4.2	5.6	6.5
石油・鉱物卸売業	4.1	3.9	6.1	10.7
鉄鋼製品卸売業	4.8	4.0	5.9	6.9
非鉄金属卸売業	1.1	1.1	2.2	1.8
再生資源卸売業	0.4	0.4	0.9	0.8
産業機械器具卸売業	6.6	6.4	5.8	5.4
自動車卸売業	5.3	6.6	4.2	3.6
電気機械器具卸売業	6.7	9.4	11.4	9.7
その他の機械器具卸売業	1.5	2.1	2.8	3.2
家具・建具・じゅう器等卸売業	2.0	1.8	1.3	1.2
医薬品・化粧品等卸売業	3.5	4.2	5.5	6.7
紙・紙製品卸売業	1.9	1.8	2.0	1.6
他に分類されない卸売業	5.8	6.8	6.8	6.7

（注）産業分類の組換えは各年で完全に対応してはいない。
（出所）「商業統計」。

県,北海道,神奈川県,埼玉県,広島県である。広島県は中国5県のうち最も卸売業が発達している県で,中国地方全体の卸売業販売額の 55.4% を占める。その広島県でも,広島市のみで県内の卸売販売額の 72.9% を占める。

　このように卸売業では,中枢管理機能の分布と密接な関連をもった地域分布がみられるが,都市の人口構造や,小売業,生産活動のあり方,さらには,輸送条件(とくに外国貿易港)などが影響を及ぼしている。そして同額の工業生産が立地するという条件のもとでは,中小工業,とくに地場産業の存在する地域により多くの卸売業者が分布する。東京,大阪,名古屋などには,国内で商圏を全国に広げ,多店舗展開を行う全国卸が存在する。その多くは元卸,あるいは中継卸である。拠点都市に立地し,東北,中国,九州といった地域を対象とした地域卸売商,都市圏を対象とした地方卸売商などは分散卸売商である。ただし,これらの全国的あるいは地方的拠点都市には広域的な卸売事業だけでなく,地元の小売業者やその他の事業所に対する卸売活動を行う事業所も併存する。

　消費財の分散過程は,こうして地域的に階層関係をなしている場合が多いが,全国卸の地方への出店や,地域卸の系列化などによって階層関係に変動が起こる。また,産地卸が,地域卸あるいは地方卸と直接結びつく動きもある。

⌘ 卸売業の諸形態

　卸売業では多段階性，多機能性といった特徴が顕著であるため，卸売業の形態を小売業における形態区分のような発想で区分しようとすると，大きな混乱を来すことになる。そのため，ここでは，いくつかの手がかりを用いて，卸売業のつぎのような諸形態を指摘するにとどめよう。

(1) 商　　社

　本書では国際流通，つまり貿易にはほとんどふれないが，卸売業者のうち貿易を主とするものを商社，あるいは貿易商社という。

　商社には，輸入商社，輸出商社，専門商社，総合商社などが存在する。各種の商品を扱っていれば総合商社といえるが，通常は中でも売上高の巨大な数社を総合商社という。総合商社は国際的にみても独特な存在であるが，明治以降の日本の近代産業の発展と歩みを共にしてきた。原材料や半加工品を中心に，「ラーメンからミサイルまで」といわれるほど多様な商品を取り扱ってきたが，利益を考慮して，取扱商品を集約する傾向が強まっている。

　国外との輸出入取引はもちろん，国内取引からさらには三国間取引まで担当する。

　それらの取引において，原材料・機械設備の供給と製品の販売，貨物船の販売と荷物のあっせんといった国内，国外での産業の調整活動も活発に行われる。さらに新規事業に関連諸企業をまとめ上げるというオーガナイザー（organizer）としての役割も果たし

ている。これらの事業活動を遂行するために，多額の資金供与とそのための借入からなる金融活動，全地球的な規模での情報伝達活動，そして多数の国際ビジネスを含んだ取引活動を行う人材が包含されている。一方で，取引先の生産者や卸売・小売業者の大規模化等で制約も生じている。

(2) **完全機能卸売業者**

つぎに取り上げる不完全機能卸売業者と対をなす用語で，前章で学んだ卸売業の機能のすべてを直接に，あるいは部分的に他企業を活用して，遂行する卸売業者である。流通フローのすべてを移転させることから「完全機能」卸売業者と呼ばれる。取扱商品の幅によってつぎのように分類される。

① **各種商品取扱業者**　大規模で多品目を扱い，部門化され，各部門では専門卸売業者のように機能する。上記の総合商社はその例である。

② **業種別総品目取扱業者**　繊維とか，鉄鋼とか，特定の業種に属するすべての品目を総合的に扱う。

③ **業種別限定品目取扱業者**　メリヤス問屋，ネクタイ問屋，日本酒問屋など，特定の業種のうちの特定品目のみを取り扱う。

(3) **不完全機能卸売業者**

限定機能卸売業者ともいう。卸売業の機能のすべてを遂行せず，限定した機能のみを遂行する卸売業者である。

① **現金持帰り卸売業者**（キャッシュ・アンド・キャリー：cash and carry）　現金による取引のみで金融を行わず，来店する小

規模な小売業者や業務用使用者に販売し，配達をせず，持ち帰らせる。

② 注文取次卸売業者　在庫保有と輸送の機能はもたず，買手を見出して購入を説得し，その注文を生産者に取り次ぎ，顧客に直送させる。危険は負担し，金融も行うことが多い。

③ 車積販売卸売業者　商品を車に積んで回り，顧客の店頭で受注し，商品を引き渡し，代金を決済する。

④ 代理商・仲立人　卸売機能のうち，買手を探索し，情報を伝達し，交渉することのみを，生産者に代わって行い，成約に応じた手数料を得る。売買や物流は生産者と産業使用者・小売業者の間で直接的に行う。

(4) 系列卸売業者（系列卸）

大規模な生産者の流通系列化に組み込まれている卸売業者である。所有面からみると独立した業者であるが，行動面では生産者に制約され，生産者の販売部門であるかのように行動することを要請される。資本支出，人材派遣などでいっそう生産者の制約が強められる場合もある。化粧品，洗剤等日用雑貨，医薬品，加工食品等の生産者の一部の流通経路にみられる。また，総合商社や全国的な卸売業者の系列に属する卸売業も存在する。

(5) 生産者の卸売部門（統合卸）

これは，生産者の卸売事業所として機能するが，別法人の子会社である場合も多い。独立した卸売業者を用いずに，生産者が卸売段階まで垂直的統合を行って，自社の卸売部門を設けるのは，

生産の集中・大規模化・多品目化にともなって,卸売業者の介入による流通費用の節約が減殺されるからでもある。流通費用がより多くかかったとしても,自社製品の販売のみに専念し,積極的に販売量の拡大に努力し,自社ブランドの評価を高め,とくに流通段階での価格を維持して,より高い利潤を確保することを目標とするからでもある。日本でも,自動車,家庭用電気機械器具,ピアノなどの分野では,卸売は生産者の卸売部門または販売会社によって行われている。

(6) 製造卸売業者（製造卸）

これは,企業の実態と食い違う場合もある名称である。自企業内で生産したもののみを卸売すれば,それは生産者である。他企業の生産したものを多少なりとも仕入れて,自企業の生産したものに加え,品揃えを豊かにして卸売活動を行うのが製造卸といえるであろう。自らは製品企画を行うのみで,製造工程は小規模な生産者に委託する場合もある。その場合の卸売業者は形式的には単なる卸売業者であるが,衣料品の場合などでは製造卸といっている場合がある。

(7) 地場卸（産地卸）

特定の製品,とくに伝統的な織物,陶磁器,漆器家具などの生産工程に関与する中小企業が,社会的分業を行いながら集団をつくり,産地を形成している場合,しばしば卸売業者が,製品を産地外に販売するだけではなく,製品企画を行い,各生産工程の統合の役割を担うことがある。

(8) 中小卸売業者

　中小企業基本法では，従業員数100人以下，もしくは資本金・出資額が1億円以下の卸売業者が中小企業の範疇に入れられる。第11章の中小小売業者の項で学んだように，さまざまな意味で多様である。一般的には経営環境の変化，とくに大規模な卸売業者の展開による競争の激化，取引先の中小小売業者の経営難などによって，経営が困難になっている場合も多く，多品種少量の物流機能に活路を見出しているものもある。中小企業政策の対象となる。

　なお上記以外にも，本章で学んだ卸売業の段階別形態（元卸，最終卸など）や商圏別形態（全国卸，地方卸など），あるいは第11章で学んだボランタリー・チェーンを組織する卸売業者なども復習する必要がある。

課題

1) 小売業は1段階であるが，卸売業は1段階以上でありうることを説明しなさい（第8章も参照）。
2) 小規模な小売業の減少（第10章）はどのような卸売業に対してどのような影響を与えるか。
3) 卸売業の地域分布にはどのような特徴があるか。
4) 日本の近代産業の発展，とくに輸出産業の発展の初期に商社が果たした役割を，綿糸紡績業を例にとって説明しなさい。
　＊各国からの綿花の輸入，先進的紡績機械の輸入，製品の輸出。

第14章

流通・商業に対する公共政策

⌘ 自由経済体制と公共政策

　日本の経済体制は，各経済主体の自由な経済活動を基盤とする資本主義経済体制である。ただし，古典的な自由経済とは異なり，今日では社会的な問題の解決のために，政府が進んで国民経済の諸側面に介入するようになっている。政府の経済政策にそって民間の自由な経済活動を誘導するとともに，特定の行動を規制したり，助成したりすることに加え，公共投資を行っている。

　こうした経済政策は産業の各分野に及んでいるが，流通・商業は，政策の対象として取り上げられることが少ない分野である。

　◇ 本章で学ぶこと
　　流通・商業のあり方に対して，政府や地方公共団体は公権力によって介入し，より望ましい方向を目指して，民間の経済主体の行動を規制し，助成し，あるいは紛争の調整を行っているのだが，どのような課題と問題点があるだろうか。

それでも流通機構は社会的に広汎な領域を形成しているため，流通に関連する政策は非常に広い内容をもつことになる。

ここでは貿易など国際的な流通に関わる政策を担う機関を除外しているが，それでも流通・商業に関する政策を担当する行政機関はつぎのように多様である。総務省統計局（ただし「商業統計」は経済産業省所管），公正取引委員会（独占禁止法），内閣府・消費者庁（消費者・物価行政，景品表示法），財務省（酒・煙草の流通），厚生労働省（医薬品流通，食品衛生，生活協同組合），農林水産省・林野庁・水産庁（農・林・水産物流通，食品流通），経済産業省・中小企業庁・資源エネルギー庁（工業製品・燃料の流通，商業の振興と調整，流通政策一般），総務省（情報伝達），国土交通省（店舗・事業所建築，都市計画，物流），総務省消防庁（店舗防災）。

これら中央政府における行政の一部は，地方公共団体によっても分担されている。地方公共団体は，地域レベルでの各政策の調整において重要な役割を果たしている。

⌘ 望ましい流通機構の基準

流通・商業のあり方について社会的な問題がある場合，それを望ましい状態に近づけることが要請される。資本主義社会では，その問題の解決は民間でなされるのが本来の姿である。価格機構で自動的に調整される場合もある（価格が高くなると需要が減少し，供給が増加して価格を引き下げる力となる）。しかし，その

解決に公権力の行使が必要である（つまり政府が乗り出す必要がある）と判断される場合には，公共政策が形成される。現実の判断に基づいて問題を指摘する場合にも，公共政策を形成するにおいても，望ましい状態を想定する必要がある。

　ところが，どのようなあり方が望ましいのかの判定は難しい。ここでは「有効性」(effectiveness) と「効率性」(efficiency) という2つの概念で整理してみよう。

　有効性として総括されるのは，流通活動の結果生み出された産出が望ましいかどうか，必要をどの程度満たしているかということに関わっている。有効性の低さは，流通活動に対する質的不満として意識的・無意識的に蓄積され，限度を超えると表面化する。その不満は，直接的には，流通の産出の購入者である消費者・産業用使用者の顕在的・潜在的需要と，提供される財とサービス（広義）の組合せの差異によって引き起こされる。買いたい品物を在庫していない，比較して購入できない，使用法を説明してくれない，などはその例である。長期的には，新製品・新輸入品の登場や，生産や物流技術進歩の成果の導入などによって不満が解消され，均衡が保たれることとなる。

　効率性は，産出に対する投入の比率で決定される。投入には，流通過程で投下された人的・物的資源の費用が，生産者・消費者の費用を含めて関連するが，財政支出による社会資本投資（例えば道路や港）や財の加工度や形態の変化による生産費用の変化も考慮する必要がある。

⌘ 流通制度の改革

　現在，経済の自由化と企業活動のグローバル展開を背景として，世界全体の大競争時代に入っており，その競争に十分に対応できるように経済構造をより効果的・効率的にするよう流通に関連する諸制度を改革する必要が強く認識されるようになった。その改革の第1段階として，1990年代から進められたのが流通規制緩和である。

　個別の分野に関する緩和には，つぎのような事例がある。酒類の販売免許を緩和して大型店への免許を容易にした。食糧管理法を廃止して食糧法（主要食糧の需給及び価格の安定に関する法律，1995年）を制定し，米の取引の自由化，取扱店の増加をもたらした。特石法（特定石油製品輸入暫定措置法）は期限（1996年）切れとともに廃止され，ガソリンの輸入が自由化された。1996年に揮発油販売業法が品質確保法に代えられるとともにガソリンスタンドの出店の規制が緩和され，また消防法の規制が緩和されたため，スタンド内に他の店舗が開設されるようになった。大規模小売店舗法とその運用も緩和され，その廃止にともなって大規模小売店舗立地法に代わられた。独占禁止法に関わるところでは，再販売価格維持契約制度の適用対象商品（著作物，指定再販商品）が削減された（1997年3月，化粧品と医薬品の指定廃止にともない指定再販商品はない）。

　それでは公的な規制はどこまで緩和されるべきであろうか。

> ◇ **改正薬事法**　2006年の薬事法改正で，一般医薬品（大衆薬）を，消費者への情報提供の必要性によって3つに分類した。風邪薬や鎮痛薬などは，「登録販売者」の資格をもつ者がいれば，薬剤師がいなくとも販売が可能となった。

1993年の経済改革研究会の中間報告では、「経済的規制は原則自由に、社会的規制は最小限に」を基本とすべきだとした。未成年者にアルコール性飲料や煙草を販売することを規制することや、生鮮魚介・食肉の流通施設の衛生条件の規制には賛成が得られるだろう。一方、新聞や書籍には価格競争の制限を容認し、どこでも入手できるようにすることが文化政策上必要であり、大規模な店舗を設置する場所を制限することが都市政策上必要であるというような諸点については、競争の促進だけが最適な解決策をもたらすとは限らない。そして、交通混雑や環境問題への関心の高まり、表示偽装や不良品混入という食品安全の問題、中心部の空洞化や買物困難者の増加などを受けて、必要なことは単なる規制緩和ではなく制度の改革（再構築）であると考えられるようになっている。

現在の流通・商業に関わる諸政策は、以下のように整理することができる（物流と情報伝達に関連する諸政策はここでは触れない）。

⌘ 流通活動のための基盤整備の政策

流通活動を含めて、経済活動全般が自由に円滑に行われるよう基盤が整備されなければならない。①私有財産権の確立とその保障（例えば登記制度）。②権利の主体の確認（個人については、未成年者や成年被後見人といった行為判断能力を欠く者についての規定があり、法人については、それぞれの成立について厳格な

規定がある)。③営業の自由，契約の自由の保障。④貨幣制度の確立と，手形・小切手など現金以外の支払手段の制度化。⑤規格の統一(度量衡の規格に加えて，製品規格，取引コード，取引伝票，物流用具規格などの統一による流通の円滑化，迅速化)。

これらは憲法，民法，商法，会社法など基本的な法律と，手形法，小切手法，商業登記法など多くの個別の法律によって制度化されている。統一コードやパレットの統一規格などは，政府の指導・助成のもとに公共的な機関によって作成されている。

⌘ 調査と将来像の作成

流通機構の実態を把握し，統計を整備する。それらは一方では，民間の経済主体が経営活動などに情報として利用される。他方では公共政策を形成し，行政を行うための基礎資料となる。とくに重要な指定統計には申告の義務が課せられているが，秘密も厳守される(統計法)。さらに現状の把握のうえに，国全体の将来像とも整合性のある将来像を作成して，民間を誘導するとともに，公共政策の基礎としている。

商業統計調査，商業動態統計調査，全国家計調査などの総合的統計調査が継続的に行われている。また，「流通近代化の展望と課題」(1968年)，「70年代における流通」(71年)，「80年代の流通産業ビジョン」(83年)，「90年代の流通ビジョン」(89年)，「21世紀に向けた流通ビジョン」(95年) などで現状把握と将来像作成が行われた。

> ◇ 経済センサス (census：全数調査)　統計法に基づき，すべての事業所・企業の状態を明らかにして，産業構造を包括的に明示する。母集団情報を整備する「基礎調査」(2009年) と活動状況を明らかにする「活動調査」(2011年) に始まり，以後5年周期で行われる。

⌘ 商業への参入規制

 原則として自由である商業活動に対して，公共目的から制約が課せられる場合がある。その1つが参入規制である。特定の業種の商業の開業や特定の商品の販売については規制がある。薬局の開設・医薬品の販売（薬事法），食肉・魚介類の販売および豆腐・惣菜類の製造販売（食品衛生法），酒類の販売（酒税法），たばこの販売（たばこ事業法），ガソリン等の販売（揮発油等品質確保法），猟銃の販売（武器等製造法），古物の販売（古物営業法）などは，所定の許可，免許，登録を受けなければ行うことができない（大規模小売店舗や小売市場の開設については後に触れる）。これらの参入規制は，商品流通上の理由というよりも，むしろ取扱品目に関わる保健，衛生，税収の確保，治安などを目的としている場合が多い。規制緩和の流れの中で，参入規制の多くは見直しと改善が進められた。

 また，外国資本が商業に進出することは長い間規制されていたが，1975年までに段階的に自由化された。

⌘ 公正取引の確保についての規制

 公正で自由な経済活動が資本主義体制の基盤をなしていることから，不正な行為で他人に不利益を与える行為は禁止されなければならない。「不正競争防止法」（1934年，93年全面改正）は，他人の氏名・商号・商標・容器・包装などを用いて他人の商品と

混同させ,他人の営業上の施設または活動と混同させる行為などを規制している。

さらに,経済力の集中が進み,優越的・支配的な力をもった企業あるいは企業間の共謀や協定が出現して,平等な者の間における自由な経済的な活動という理念が損なわれるにいたった。そこで,アメリカをはじめとして,先進資本主義諸国で独占禁止政策が確立され,日本でも独占禁止法(「私的独占の禁止及び公正取引の確保に関する法律」1947年)が制定された。同法は,公正で自由な競争を促進することによって国民経済の民主的で健全な発達を促進することを目的としている。そのため,①私的独占を禁止する,②不当な取引制限を禁止する,③不公正な取引方法を禁止する,ことを規定している。

「一般指定」(1982年改正)が規定されている。それには取引拒絶,差別対価,差別的取扱い,不当廉売,不当高価購入,不当な顧客誘引,抱き合わせ販売,排他条件付取引,再販売価格の拘束,拘束条件付取引,優越的地位の濫用,競争者に対する取引妨害,競争会社に対する内部干渉などが規定されている(原則違法の場合から,公正競争を阻害すれば違法となる場合まで,濃淡がある)。また,不公正な取引方法については,特定の業種の一定の行為を対象とした「特殊指定」が大規模小売業(大規模小売業告知,2005年)などに出されている。

例えば卸売業者や小売業者がある商品を販売する価格を,その商品の製造業者が指定して守らせようとする行為は,再販売価格

◇ **大規模小売業告示** 大規模小売業者による優越的地位の濫用行為を規制するために,百貨店業の特殊指定に代わって2005年に告示された。対象は前年度の売上高が100億円以上または一定の面積の店舗を有する小売業者であり,フランチャイズ・チェーンの本部も含まれる。

の拘束となり，違法である。ただし独占禁止法第23条によって，①著作物（書籍・雑誌，新聞，レコード盤・音楽用テープ・音楽用CD〔コンパクト・ディスク〕），および②自由な競争が行われている日用品で公正取引委員会が指定した商品は，例外的に認められている。ただし②の指定は，1997年4月1日以降はすべて廃止された。なお，製造業者が標準小売価格とか推奨小売価格を定めても強制しなければ違法ではない。

1991年，独占禁止法の適用強化の方針のもとで，流通をめぐる取引慣行に関するガイドライン（「流通・取引慣行に関する独占禁止法上の指針」）が公表された。不当廉売・差別対価，再販売価格維持，非価格制限行為，リベート，小売業者による優越的地位濫用などに関する独占禁止政策上の考え方が提示されている。

独占禁止法を補強するものに景品表示法（「不当景品類及び不当表示防止法」1962年）があり，不当な景品・懸賞付販売や不当な表示・広告による顧客誘引（例えば市価より高い価格を市価とし，それより割引するという不当な二重価格表示）を防止している。

⌘ 中小商業の振興

商業を営む数多くの中小企業は，商品流通の担い手として重要な役割を果たしているだけではない。就業の場としても大きな比重を占め，日本の経済発展と国民生活の安定のために不可欠な存在である。

しかし，中小商業には，中小企業一般について指摘されているのと同様に，2つの側面から問題が指摘されている。第1には，中小商業の経営に問題があり，そこに就業する人びととその家族の生活に好ましくない影響があるという側面がある（しかしすでに学んだように中小商業は多様であり，環境変化に対応して良好な経営成果をあげているもの，経営不振で家族が他に就業して家計を維持するもの，あるいは意に反して廃業せざるをえないものが混在していることに留意しなくてはならない）。第2には，中小商業がその社会的役割を十分に果たしていないのではないかとの観点から，流通を改善するという立場で問題とされる。

このような問題に対して，個別の企業が自主的に意欲をもって経営努力を積み重ねることが前提とされる一方，さまざまな措置を通じて経営努力の助成が行われている。その措置の多くは中小企業一般に対するものであるが，とくに中小商業を対象とするものもある。「中小小売商業振興法」(1973年)，「商店街振興組合法」(62年)，「地域商店街活性化法」(2009年) などの特別な立法が行われている。

中小商業の振興のための手段には，①金融・信用保証，②組織化（各種の組合が法律によって制度化され，共同事業の基盤として用いられる），③診断・指導，④税制があり，それらを組み合わせて個別の中小商業者とその組織に助成措置がなされている。とくに，集団化事業，集積区域整備事業，共同施設事業，施設集約化事業は高度化事業として特別の助成がなされている。なお制

度上，卸売業では資本金（もしくは出資金）1億円または従業員数100人以下，小売業では5000万円，50人以下を中小企業とするが，この基準は絶対的なものではなく，変化している。別に，5人以下の商業を小規模企業者と定義することもある。

⌘ 小売業の異形態間競争の調整

伝統的に中小企業が担ってきた小売業に，各種の大規模な形態が発展して事業分野を拡大させてきた。それは異形態間の競争を激化させ，中小小売業者の存立基盤を侵食していった。このことが社会的な問題として大きく取り上げられるようになった。

(1) 大規模小売店舗法（大規模小売店舗における小売業の事業活動の調整に関する法律）の制定と改正

日本ではすでに1937年に「(第1次)百貨店法」が制定されており，当時の唯一の大規模小売業者であった百貨店の行動を規制していた（1947年廃止）。第2次大戦後の窮乏期に中小小売業者が増加したが，百貨店の復興とともに1956年に「(第2次)百貨店法」が制定され，百貨店の開業，店舗の新設・増設の許可などを規定した。ただし，法制定前の増設に続き，施行後も百貨店の新設・増設は許可された。さらにこの頃から急速に成長を遂げ始めたスーパーの間で，第2次百貨店法による規制が企業単位であることを利用して，1つの建物を複数の法人が分割して営業することで法の適用を免れようとする行動が顕著になった。疑似百貨店問題として発展していった。

1973年に「大規模小売店舗法」が制定された。同法は「大規模小売店舗における小売業の事業活動を調整する」ことにより，「中小小売業の事業活動の機会を適正に確保する」という百貨店法と同趣旨の目的をもつが，「消費者利益の保護に配慮」することも目的に明示した。その調整は，開店日，店舗面積，閉店時刻，休業日数について行う。対象は1つの建物の小売業のための店舗面積が1500m^2（都の特別区と政令指定都市は3000m^2）以上のものであった。

　1970年代後半に入り消費の量的低迷，質的変化が発生したところに大型店の急速な展開がみられ，さらに中型店の急速な増加があり，各地で出店紛争が頻発した。1978年の大規模小売店舗法の改正法では，既定の対象を第1種大規模小売店舗とし，新たに店舗面積が500m^{2}を超えるものを第2種大規模小売店舗として調整対象に加えた。第2種の調整は都道府県知事が当たり，第1種は従前通り通商産業大臣が当たるが，届出は知事を経由し，知事は意見を申し出ることができた（市町村長も両者に意見が出せた）。この調整においては，地元の商工会議所・商工会およびそれらに設置された商業活動調整協議会が実質的に大きな役割を果たした。

(2) 商業調整政策の転換

　その後，大型店の出店に関する紛争がさらに激化したため，同法による規制は1982年以降に行政指導によって強化された。しかし，公的規制の緩和の動きと日米構造協議におけるアメリカ側

の要請により,1990年から調整期間の短縮等の緩和措置がとられた。1991年には大規模小売店舗法が改正され,第1種大型店と第2種の境界面積が2倍になり,商業活動調整協議会は廃止されて大規模小売店舗審議会が直接に調整することになった。さらに1994年からは,1000m^{2}未満の店舗は原則として調整が不要となった。

1998年には大規模小売店舗立地法が成立し,2000年から施行された。それとともに大規模小売店舗法は廃止された。規制緩和の流れの中で,経済的規制は原則的に緩和されるべきであり,大型店の出店の経済的利益の調整はなされるべきではないとされたのである。

すでに学んだように,小売業における小規模の業者や店舗は減

◇ 表14-1 大規模小売店舗(1,000m^{2}以上)の展開

年	大店舗数	大店舗内事業所数	小売年間販売額 (100万円)			小売売場面積 (m^2)	
				(1店舗)	(1 m^2)		(1店舗)
1991	9,009	87,244	35,652,700	(3,957)	(1.08)	32,952,329	(3,658)
1994	11,826	101,360	38,248,335	(3,234)	(0.97)	39,332,966	(3,326)
1997	14,056	106,726	43,002,888	(3,059)	(0.87)	49,154,211	(3,497)
2002	16,407	107,617	43,744,517	(2,666)	(0.71)	61,868,550	(3,771)
2004	16,279	102,433	42,425,369	(2,606)	(0.67)	62,997,749	(3,870)
2007	17,597	113,458	45,752,077	(2,600)	(0.63)	72,531,303	(4,122)
2014	19,360	100,025	43,649,372	(2,255)	(0.58)	75,053,085	(3,877)
(%)		(12.9)	(35.7) (面積調整後45.9)			(55.7)	

(注)「大規模小売店舗」は,1つの建物ではあるが,建物内に多数の小売事業者が所在するものを指す。表中の「1店舗」は1店舗当たりの,「1 m^2」は1 m^{2}当たりの小売年間販売額の数値を示している。表の下部の構成比(%)表記は,2014年の小売業全体の数値に占める大規模小売店舗の各数値の割合を算出したものである。(面積調整後)のデータは,商業統計調査において売場面積が調査されていない「牛乳」「自動車」「建具」「畳」「新聞」小売業とガソリン・スタンドの数値を除外した「小売業全体の販売額」に対する構成比を示している。
(出所)「商業統計」(大規模小売店舗統計編)(2002年以後は立地環境特性別統計編)。

少しつつある。その一方で、大企業・大型店は増加している。厳しい規制があったといわれながらも、表14-1に示すように大型店は増加を続け、その年間販売額は日本の小売業全体の4割を超えるまでになった。しかし、依然として中小小売業の店舗数や従業員数は多く、配慮がまったく不要であるとはいえない。また、高齢者等にとっての身近な買物施設としての役割や新規の開業の場としての役割も期待される。

　大規模小売店舗立地法の目的は、大型店（1000m^2以上）の出店地の「周辺の生活環境の保持」のために、施設の配置および運営方法に適正な配慮がなされて、小売業、国民経済、地域社会が健全に発展し、国民生活の向上に寄与することである。駐車場需要の充足、歩行者の利便の確保、廃棄物減量化・リサイクル推進、防災対策、騒音対策、廃棄物の保管・処理、街並みづくりへの配慮等の社会的要請を考慮すべきであるとする。都道府県・政令指定都市が、市町村および市町村内の者から意見を聞いて、出店者に意見を述べ、さらに勧告することができる。同法は1998年に制定・施行された中心市街地活性化法および改正都市計画法とともに「まちづくり3法」と呼ばれたが、都市の郊外や都市間への大規模な出店が都市の中心部を衰退させた要因の1つであることを考えれば対策としては不十分であった（欧米諸国では中心市街地の活性化のために郊外開発の規制が行われている）。

◇ **大規模集客施設**　改正都市計画法（2006年）において、床面積合計が1万m^2を超える大規模集客施設が、都市構造に影響を与えるとして、立地規制の対象とされることとなった。店舗、飲食店、劇場・ホール、映画館、演芸場、観覧場、遊技場、展示場、場外馬券売場等が含まれている。

(3) 消費生活協同組合法など

 生活協同組合は原則として員外利用（組合員以外の利用）が許されず，行政庁が許可する際には，中小小売商の事業活動への配慮がなされなければならない。また，農業協同組合は員外利用が一定限度で認められるが，中小小売業者の事業活動に不当な制約を与えないよう行政指導が行われている。

⌘ 商業・流通活動の立地配分

 商業・流通活動は一定の空間を占有して行われるため，他の土地利用者との間で相互調整が行われるとともに，機能の集積と分散が立地に即して適切に行われることが望ましい。部分的であるが，卸売業に対して，副都心部での高層化（卸総合センター）や，都市周辺部の団地化（卸商業団地）などに公的資金による助成が行われた。また，流通センターを都市外周部に設置することへの助成も行われた（「流通業務市街地の整備に関する法律」）。小売業に関しては，その集積である商店街の近代化・再開発に関する助成が行われているが，単なる買物の場以上の都市施設としての充実を目指す動きがあった。そのため「商業集積法」が成立し（1991年），都市の整備に関連する各種の公共政策（主として国土交通省所管）と商業の近代化に関する公共政策（経済産業省・中小企業庁所管）とが総合して用いられた（2006年廃止）。

 さらに中心市街地の衰退・空洞化が深刻化していることが問題とされ，「まちづくり3法」の一環として「中心市街地活性化法」

が1998年に制定された。この3法の内容と運用が不十分であるとされ，2006年に見直しが行われて，「中心市街地活性化法」も部分的に改正された。「地域における社会的，経済的及び文化的活動の拠点となるにふさわしい魅力ある市街地の形成を図ることを基本とし，地方公共団体，地域住民及び関連事業者」が連携し，主体的に取り組み，国が集中的・効果的に支援することとした。立地に関しては「都市計画法」「建築基準法」の改正で，郊外に行くほど規制が厳しくなる体系へ移行した。大規模小売店舗を含む大規模集客施設が立地できるのは，用途の規制（ゾーニング規制）された地域のうち，商業地域・近隣商業地域に限定され，さらに準工業地域は条件付きで認められる。

⌘ 中央卸売市場の整備

野菜，果実，食肉，鮮魚など生鮮食料品は商品の鮮度が重要であるうえに品質が多様であり，しかも零細多数の生産者と零細多数の小売業者を結びつける必要がある。

中央卸売市場は，地方公共団体が用地と施設を提供し，取引を監督する。1つまたは少数の卸売会社が，生産者や産地商人から委託された生鮮食料品を市場に呈示し，仲卸人が公開のセリで価格を決定し購入する。卸売会社は，定率の手数料を受ける。卸売市場法（1923年，71年に再制定）に基づいて設置された中央卸売市場によって，生鮮食料品の流通の広域化，取引の公正化が進められた。近年では大規模小売業者の産地からの直接買付けや契

◇ **国土と用途地域**　国土のうち，4分の1ほどが都市計画区域で，そのうち①市街地を形成している市街化区域は12種類の地域に分割され，用途が規制されている。②市街化を抑制する市街化調整区域と，③その他の白地地域でも，原則として大規模集客施設は立地できない。

約栽培等の広がりで市場外の流通も増加している。

これに対応して、全国一律の委託手数料の自由化、中央卸売市場の再編、中央卸売市場の地方卸売市場への転換などが進められている（2004年、卸売市場法改正）。

⌘ 取引商品の安全性の確保

消費者の購入する商品に、危険な商品、有害商品、欠陥商品があり社会的な問題となったことはすでに学んだ。

公共政策としても、商品の規格を定め、安全であるための基準を設定し、検定をし、品質を表示させるなどの政策がとられている。「消費者保護基本法」を基盤として、「消費生活用製品安全法」「食品衛生法」「薬事法」「電気用品取締法」「家庭用品品質表示法」など関連する多くの法律が制定されている。とくに「製造物責任（PL）法」が1997年から施行され、製造、加工された物の欠陥により生命、身体または財産に被害が生じた場合には、過失の有無にかかわらず、製造、加工または輸入した者に損害賠償の責任があるとされた。

⌘ 契約上の消費者利益の擁護

(1) 消費者契約法（2000年）

消費者が事業者との間で契約を結ぶ場合に、両者のもつ情報の質・量や交渉力の格差によって、消費者の利益が損なわれることがあるため、つぎのようにして消費者利益を擁護する法律が制定

された。①事業者の行為によって，消費者が誤認したり，困惑したりした場合に，その契約の申し込みまたは承諾の意思表示を取り消すことができる。②事業者の損害賠償の責任を免除する条項など，消費者の利益を不当に害することとなる条項の全部または一部を無効とする。

さらに同種の被害が多数発生していることから，法の改正により，適格の消費者団体が差止請求することが可能となった。

(2) **割賦販売法**（1961年，2008年改正）

耐久消費財などの高額商品が普及するにつれて割賦販売が発展してきた。割賦販売にともなう契約についての不満，不当な契約の解除などの問題に対し，取引を公正にし，健全な発展を図ることによって，消費者等の利益を保護し，商品等の流通，役務（サービス）の提供を円滑にすることを目的として本法が制定された。

2008年の改正では，指定制度を廃止し，契約後に無条件解約を認めるクーリング・オフ等になじまない一部の商品・サービスを除いたすべてを規制対象とした。

(3) **特定商取引法**（訪問販売法〔1976年〕を2001年に改正し，改称した。2012年改正）

伝統的な店舗における販売と異なった取引方法が増加したが，時には強引な，詐欺的な販売が行われて消費者が被害を受けることがあることから，一定のルールを設けることによって，販売業者と消費者との間に生ずる紛争を未然に防止することを目的として訪問販売法が制定された。その後の数度の改正で規制の対象が

拡大され，特定商取引法と改称された。規制の対象となる行為とクーリング・オフの期間は，つぎのとおりである。

① **訪問販売**　自宅訪問販売やキャッチ・セールス等では申し込み時，契約締結時に書面の交付を義務付け，また不実の告知，脅し，過剰な与信等の不適切な勧誘行為を禁止する（8日間）。

② **通信販売**　郵便，電話，インターネット等の通信手段により申込みを受ける販売であり，一定事項の表示を義務付け，誇大広告禁止等の広告規制がある（クーリング・オフの規定はない）。

③ **電話勧誘販売**　電話などで勧誘し，申込みを受ける販売であり，訪問販売と同様の規制がある（8日間）。

④ **連鎖販売取引**（マルチ商法）　個人を販売員として勧誘し，さらにその販売員がつぎの販売員を勧誘するというように連鎖的に販売組織を拡大すると，遡及して収入が得られるという取引である。書面交付の義務付け，広告規制，不適切な勧誘行為の禁止等の規制がある（20日間）。

⑤ **特定継続的役務提供**　エステ，語学教室，家庭教師，学習塾等，身体の美化，知識の向上等を目的として，継続的に役務（サービス）を提供する取引形態であり，書面交付の義務付け，誇大広告の禁止，中途解約の承認等の規制がある（8日間）。

⑥ **業務提供誘引販売取引**　パソコンを買えば内職を紹介するなど，収入を得られると勧誘して仕事に必要な商品等を売り，金

銭負担を負わせる取引であり，書面交付の義務付け，広告規制，不適切な勧誘行為の禁止等の規制がある（20日間）。

2012年の法改正によって，7番目の類型として「訪問購入」（事業者が一般の消費者の自宅等へ訪問して，物品の購入を行う取引）が加えられた。クーリング・オフ期間は8日間。

⌘ 流通近代化政策の意義

1960年代の高度成長を背景として，生産者から消費者にいたる商品の流れを社会的仕組みとしてとらえ，産業政策の視点から流通制度の整備を進めることの重要性を指摘したのが，産業構造審議会流通部会の「流通近代化の展望と課題」（1968年）であった。「流通活動の近代化の遅れが経済の効率化や国民生活向上の隘路となっている局面が多々みられ，その担い手たる流通産業の構造改善を推進する必要性は次第に高まりつつある」と認め，とくに海外資本の直接投資の自由化を目前にし，また，消費者物価問題の解決のためには流通問題の解決が必要であることを提示した。

そして流通政策の課題（および政策）としてつぎのものが指摘された。①流通機能担当者の強化と近代化（組織化・協業化，経営方式および施設の近代化，労働力の確保と人材の教育），②市場条件の整備（取引慣行および取引体制の適正化），③物的流通の合理化（物的流通技術の革新），④環境の整備（立地条件の適正化，流通情報網の形成と統計の改善，流通金融の円滑化）。

その後，商業を含めて流通機構に対する公共政策は，この流通近代化政策の枠組みの中で立案され，実行されてきた。具体的な政策としては，①連鎖化事業（中小小売商業の経営の近代化のためのチェーン化の促進，ボランタリー・チェーンおよびフランチャイズ・チェーン），②流通システム化政策（商品コード化，受・発注・在庫管理システム，POS システム，物流システム化など），③店舗の共同化と高度化資金である。

　1970 年代の後半以降，高度成長の終わりと産業構造の変化，消費社会の変化，大型小売業の成長と中小小売業の後退，立地変化と中心部空洞化，情報化の進展など，流通・商業をめぐる環境と問題は大きく変化している。それに合わせて，今日の公的政策の課題もより多様で複雑になっている。

　ただし，日本の流通の制度基盤を整備し，消費者にとって利便性の高い流通・商業の振興に結びつけられたという点で，流通近代化政策に一定の評価を与えてよいと思われる。

課　題

1) 政府が流通・商業に対して公共政策を形成する必要は，どのような場合に生ずるか。
2) 流通に関する公的な規制を緩和することで，どのような効果が期待されるか。また規制を残す，あるいは新設するほうがよいと思われるどのような事例が想起できるか。

3) 「独占禁止法」は流通とどのような場合に関連するか。
4) 再販売価格維持の歴史（第7章「もう一歩考えてみよう」）からみて，それを求めた当事者にとってどのような利益があると考えられたのか。なぜそれが禁止されるようになったのか，整理してみよう。
5) 大規模小売店舗法（大店法）の廃止と「まちづくり3法」の制定という大きな政策の転換が，なぜ行われたのかを考えてみよう。

✧ より進んで学ぶために

　本書では限られた紙幅の中に，平易さと厳密さを心がけながら，流通全般と，とくに商業（小売業・卸売業）について，現状，社会的役割，動向，社会的問題と公共政策等について簡潔に記した。さらに学習の必要から，あるいは実務上，さらには知的好奇心から，この流通・商業の領域に関して学習を志向される方々がおられるだろう。

　その場合に参考となる資料は，入門書だけでも多数あり，増加を続けている。そこで注意すべきことの1つは用語の問題である。文中で定義づけを行っている場合もあるが，各著者が自明のこととして用いている用語の場合も，内容と用語が著者により異なる場合がある。時代とともに用語が変化する場合もあるが，流通とか商業といった基本についての理解が異なりながら，同一の用語が使用される場合がある。それぞれの文献について，確認しながら，内容を理解する必要がある。また新しい事象についての呼称にも注意しなければならない。

　また一般論を概念的に把握しようとするのではなく，具体的に経験を通して問題意識をもつことが望ましいだろう。「中間業者を排除しているから，無駄がなくて，安い」という説明に接したときに，身近の商品について，生産者，消費者双方の立場に立ってこの言葉がどのような場合に可能であるかを考えてみよう。あるいは小売店舗が過多であるといわれた日本で，「買物砂漠」という言葉が使われるような事態が生じたのは何故であり，それに対する対策はあるのかというのも事例の1つとなろう。

　さらに特定の分野の学習を進めると，流通，商業の分野の資料だけでは解決できない場合が生ずる。例えば流通における情報伝達の機能はますます重要性を増しており，情報工学の多様な技術の理解なしには把握できない。しかし流通の知識なしに，情報工学だけを機械的に取り入れると誤りが生ずる。消費者行動の心理学，地理学・都市論，

経済学,経済法学,組織論,管理会計論など,同様に流通の各分野に関連する諸研究は多様である。

以上のような前提を考慮すると,まず流通の歴史についての資料を手に取ることを勧めたい。

石原武政・矢作敏行(編)『日本の流通100年』有斐閣,2004年

日経流通新聞(編)『流通現代史』日本経済新聞社,1993年

石井寛治『日本流通史』有斐閣,2003年(古代からの通史)

石井寛治(編)『近代日本流通史』東京堂出版,2005年(幕末から現代までの通史)

田村正紀『業態の盛衰』千倉書房,2008年

佐々木聡『日本的流通の経営史』有斐閣,2007年(日用雑貨の経営史)

石原武政(編著)『商務流通政策』(『通商産業政策史〔全12巻〕』第4巻),財団法人経済産業調査会,2011年

なお百貨店をはじめ多くの企業や団体が社史等を作成している。

長期の統計としては本文中に使用した経済産業省「商業統計表」(簡略版は「我が国の商業」)があるほかに日本百貨店協会,日本チェーンストア協会,ショッピングセンター協会など諸団体が統計を発表しているが,用語の定義等につき注意が必要である。日経MJ(流通新聞)編『日経MJトレンド情報源』(旧『流通情報の手引き』)は毎年の動向を扱う。

さて,本格的に流通・商業を扱った大規模な叢書が刊行された。

石原武政・石井淳蔵(編集代表)『シリーズ流通体系』中央経済社,2009年

1. 石井淳蔵・向山雅夫(編)『小売業の業態革新』
2. 崔　相鐵・石井淳蔵(編)『流通チャネルの再編』
3. 向山雅夫・崔　相鐵(編)『小売業の国際展開』
4. 加藤　司・石原武政(編)『地域商業の競争構造』
5. 石原武政・加藤　司(編)『日本の流通政策』

この体系の各巻の各章には分野別の文献が記されている。なお，この文献の一部には書籍ではなく内外の論文が採択されているが，研究の進展には内外の論文の検索も不可欠である。

　以上のような学習過程によって流通に関する社会的事象の理解が進むと思われるが，流通機構を貫く論理を学ぶには次の書を精読するとよい。

鈴木安昭・田村正紀『商業論』有斐閣，1980年

田村正紀『流通原理』千倉書房，2001年

◆ 索　引

◎ アルファベット

AIDCA　143
AIDMA　143
AISAS　143
B to C　204
CIF 価格　23
ECR　79
EDI　70, 77-81, 228
　——標準メッセージ　81
EOS　77-79
GMS　→総合スーパー
GSI　74
GTIN　75
ICT　68, 69, 71
IC タグ（RFID，非接触型電子タグ）　70, 77
JAN コード　74-77
JAN バーコードシンボル　75
JCA 手順（J 手順）　78-80
MR　141
NB　→ナショナル・ブランド
OCR 値札　70
PB　→プライベート・ブランド
PLC　→製品ライフ・サイクル
POS システム　67, 74, 77
POS データ　53
QOL　115
QR　79
SBU　→戦略事業単位
SC　→ショッピング・センター
SCM　79
SP　→販売促進
VAN　70, 78, 79
WTO　→世界貿易機関

◎ あ　行

安全在庫　166
異形態間競争　11, 62, 194, 202
居酒屋　89
異質的多角化　133
維持的広告　143
依存効果　118
委託仕入れ　25
委託販売　25
一次元バーコード　77
一次データ　62, 63
一般指定　250
インターネット　69
　——を用いた調査　64
インターネット広告　143
インターネット小売　204
インタラクティブ広告　53
インテグレーター　41
売上仕入れ　25
運賃保険料込価格　23
営業用トラック　41
営利経路　87
駅ナカ　219
エンゲルの法則　117
オーガナイザー　237
おとり商品　139
卸　売　159, 221
卸売会社　258
卸売業　221
　——存立の根拠　152
　——の機能　226
　——の規模構造　233
　——の業種構造　234
　——の形態　237
　——の社会的役割　224
　——の多段階性，多機能性

269

237
　　——の段階構造　231
　　——の地域構造　235
　　——の役割　223
卸売業者　9, 86, 129, 221
　　——主宰ボランタリー・チェーン　213
卸売市場法　258
卸売部門と小売部門の分化　155
卸・小売比率　230
卸商業団地　257
卸総合センター　257

◎ か 行

海運貨物取扱業者　41
外国資本　249
外　商　206
改正都市計画法　256, 258
外　装　44
開拓的広告　143
買取仕入れ　25, 192
開発輸入　156, 165
開放的経路政策　146
買回品　124
買物行動　123
買物困難者　103, 108
買物弱者　10
買物場所の選択基準　122
買物費用　161, 205
価格政策　134, 137
価格の変動　117
課業環境　11
格上げ　191
格下げ　189
各種商品卸売業　223, 234
各種商品取扱業者　238
革新者　191
格付け　22
掛売り　28, 59, 192
掛繋取引（ヘッジング）　32, 34

貸付　29
貨車渡価格　23
過剰投資　201
過疎化　106
ガット　13
割賦販売　27
割賦販売法　260
貨幣　20
ガルブレイス，J. K.　118
観察法　64
慣習価格　139
間接流通　85, 153
完全機能卸売業者　238
企　業　2, 8
企業間組織　174, 183, 185, 212
企業形態　183
企業広告　143
企業戦略　132
企業ブランド　137
危険負担機能　18, 30, 226
疑似百貨店問題　253
規制緩和　202, 246, 249, 255
規模の経済　155
キャッシュ・アンド・キャリー　238
業種別限定品目取扱業者　238
業種別総品目取扱業者　238
行　商　206
競争情報　62
競争的広告　143
業　態　181, 183
協調関係　11
共同仕入れ　174
共同施設事業　252
共同配送　94
共同輸送　234
業務提供誘引販売取引　261
虚偽表示　103
近日渡し　23
金　融　28, 226

金融活動　238
金融機関　9, 29
空間の懸隔　4, 6, 36
クーリング・オフ　260, 261
クレジット・カード　29
経営管理　170
経営管理情報　65
経営戦略の立案　170
計画的商業集積　180, 216
経済政策　243
経済センサス　65, 160, 248
傾斜消費性向　121
形態（業態）分化　94
系統卸　226
景品表示法　251
系列卸売業者（系列卸）　239
経路支配力　87
決済情報　59
ケネディ，J. F.　104
原　価　138
現金持帰り卸売業者　238
現金割引　23
顕示的消費　117, 118
限定品目小売商　210
現場渡価格　23
郊外開発　256
交　換　19
交換一般即商業説　149
公共政策　245, 248, 257, 259
航空輸送　38
広　告　53, 140, 142
広告情報　68, 119
交渉情報　57
公正取引委員会　251
拘束条件付取引　250
高度化資金　263
購入条件　31
購買支配力　196, 201
購買代理者　208
高マージン・低回転　167

小　売　159
小売アコーディオン　92
小売企業　173, 184
小売業　160, 161
　――の機能　164
　――の規模構造　175
　――の業種構造　177
　――の形態　183
　――の形態構造　181
　――の国際化　172
　――の社会的役割　161
　――の地域構造　178
小売業者　9, 85
　――主宰ボランタリー・チェーン　213
小売サービス　184
小売中心地　179
効率性　245
小売店舗　173
　――の売場面積　176
　――の形態　183
　――の品揃え政策　177
小売の輪（仮説）　188, 191
小売ミックス　94, 122, 184
考慮集合　61
高齢化　107
顧客吸引力　180, 201
顧客志向　131
国際ビジネス　238
国際物流　41
国際貿易　12
国際流通　12
個人面接法　63
個　装　44
固定費　138
呉服商　192
コープランド，M. T.　124
個別商標　137
コーペラティブ・チェーン　213
コミュニケーション　54, 68

御用聞き　206
コングロマーチャント　95
コンシューマリズム　104
コンテナ　39, 44, 45
コンビニエンス・ストア　108, 211

◎ さ 行

財　2
在庫情報　59
最終卸　241
再販売　159
再販売価格維持（制度）　139, 140, 246, 250
裁量的消費　112
先物取引　32
サービス　2
サービス・エリア　219
サービス経済化　3
サービス支出　111
サービス情報　67
サーベイ　63
差別対価　250
差別的取扱い　250
産業組合　129
産業財　2, 3, 127, 159, 225
産業用使用　2
産地卸　236, 240
参入規制　249
仕入先の選択　166
仕入商品に関する情報の吸収と発注　169
仕入代金の支払い　167
市街化区域　258
市街化調整区域　258
自家用トラック　41
時間の懸隔　4, 6
事業継承　209
事業所　173
事業所コードの標準化　74

資金調達　169
資材の購入　170
市　場　20
市場価格　31
市場情報　61, 62
市場浸透価格政策　140
施設集約化事業　252
滴り理論　118
悉皆調査　65
実験法　65
実物展示　68
質問法　63
自動車輸送　37
自動販売　202, 205
品揃え　154, 219
　——の選択　166
　——の総合化　197, 201, 234
　——の広さ　166
　——の深さ　166
品揃え形成　225
地場卸　240
資本財　2, 223
社会的品揃え　155, 156
社会的分業　2, 4, 9
車積販売卸売業者　239
習慣形成効果　119
就業者　175
従業者　175
　——の採用・訓練　170
収　集　231
収集卸売業　231
集　積　225
集積区域整備事業　252
集団化事業　252
集団調査法　63
集中貯蔵の原理　154
重要輸出品工業組合法　129
需給接合（機能）　18, 224
出店紛争　254
受・発注情報　58

需要情報　62
準工業地域　258
順応型中小小売業者　209
消化仕入れ　25, 192
小規模生産者　128
商業活動調整協議会　254
商業者（商人）　46, 85, 86, 128, 150
　　──の社会的役割　152
商業集積　179, 215
　　──の選択　122
商業集積法　257
商業地　179
商業地域・近隣商業地域　258
商業統計　160, 248
商業動態統計調査　248
商業の意義　149
商業部門の収縮・排除　156
商　圏　179, 196, 236
商　社　224, 237
上層吸収価格政策　139
商店街　179, 201, 212, 215
　　──の空洞化　10
商店街近代化事業　216
商店街振興組合法　252
商　人　→商業者
消費革命　72
消費構造　112
　　──の変化　114, 116
消費財　2, 161, 223
消費者　2, 8, 101
　　──に関する情報の送達　169
　　──の移動性　180
　　──の権利　104
　　──の責任　104
消費者契約法　259
消費者庁　104
消費者調査　169
消費者費用　162, 205
消費者保護基本法　103, 259

消費者保護条例　104
消費者問題　103
消費水準　109
消費生活協同組合（生協）　216
消費生活協同組合法　217, 257
消費の個性化　120
消費のサービス化　111, 166, 193
消費の潜在化　121
商　標　136
商品作物　128
商品識別コード　74
商品取引所　32
正札販売　192
情報・コミュニケーション技術　68
情報縮約・整合の原理　153
情報伝達（機能）　18, 68, 69, 169, 227, 238
情報の懸隔　5, 7
情報流　7
商　流　7
職務の編成，組織化　170
食糧法　246
ショッピング・センター（SC）　180, 215, 216
ショップ　165
所得水準　116
所有権移転機能　18, 19, 166, 226
所有権移転情報　58
所有の懸隔　4, 6
白地地域　258
新規開業　209
真空地帯論　190
人　口　105
人口集中地区　106
新製品開発　136
新製品の出現　118
人的販売　140, 141, 207
信用販売会社　29
心理的価格　139

水上輸送　37
衰退型中小小売業者　209
垂直的衝突　11
垂直的多角化　133
垂直的統合　87, 145, 156, 239
垂直的分化　87
水平的競争　11, 62
水平的多角化　133
水平的分化　88
水平貿易　13
数量割引　23
スクランブルド・マーチャンダイジング　197
スーパー　197
スーパーマーケット　92, 197
生活協同組合　217, 257
生活時間　110
生活様式の変化　117
生業・家業　208
生産・加工機能　229
生産財　2, 223
生産者の卸売部門　239
生産者の大規模化　129
製造卸売業者（製造卸）　229, 240
製造業者主宰ボランタリー・チェーン　213
製造小売業者　84, 165
製造物責任（PL）法　259
製販統合　98
製販同盟（製販連携）　88
製品広告　143
製品事故　102
製品政策　134
製品のデジタル化　204
製品ブランド　137
製品ライフ・サイクル（PLC）　134, 135
制約環境　11
世界貿易機関（WTO）　13
世帯数　105

積極対応型中小小売業者　209
セリ　258
セールスパーソン　206
セルフ・サービス　197, 200
セルフ・メディケーション　108
選好マップ　124
全国卸　236, 241
全国家計調査　248
選択的経路政策　146
選択的消費　112
宣伝販売員　141
鮮度管理　211
船舶輸送　37
選別　225
専門業者　9, 95
専門商社　237
専門店　210
専門店チェーン　210
専門品　124, 125
戦略事業単位（SBU）　133
想起集合　61
倉庫　42
総合卸　226
総合商社　237
総合商標　137
総合スーパー（GMS）　92, 200
総合的優位戦略　132
倉庫業者　9
総取引数極小化の原理　152
相場　31
即時渡し　23
組織間関係　174, 183, 185, 212
ゾーニング規制　258

◎ た　行

大規模小売企業　175
大規模小売店舗審議会　255
大規模小売店舗法（大店法）　202, 246, 253, 254
大規模小売店舗立地法　202,

246, 255, 256
大規模集客施設　256, 258
対面販売　193
代理商　223, 239
大量集中仕入れ　156
多角化戦略　133
抱き合わせ販売　250
諾成契約　22
立替払い　29
建値（制）　145, 215
多店舗化　176
多店舗展開　200
ターミナル百貨店　192
田村正紀　152
探索性向　124
地域卸売商　236
地域商店街活性化法　252
チェーンストア　194, 197
チェーンストア・オペレーション　194, 201
チェーンストア統一伝票　74
地方卸売商　236, 241
地方百貨店　193, 194
チャネル・キャプテン　87
チャネル政策　134, 145
チャネル・リーダー　87
中央卸売市場　258
中間在庫　227
中　継　231
中継卸売業　232, 236
中小卸売業者　241
中小小売業者　207
中小小売業の減少　10
中小小売商業振興法　214, 252
中小商業近代化　72
中小商業の振興　251
中心市街地活性化法　256-258
中心市街地の衰退・空洞化　257
注文取次卸売業者　239
調査票　63, 64

長時間営業　208
直接流通　8, 85, 153
貯蔵倉庫　42
陳　列　168
追従欲求　119
追随戦略　133
通信販売　202, 203, 261
低価格販売　192, 200
定価販売　139
ディスカウント・ストア　197
ディスカウント・ハウス　197
ディベロッパー　216
低マージン・高回転販売　167, 200
手形払い　28
適時・適量・適品の供給体制　211
テスト・マーケティング　136
鉄道輸送　36, 39
電子商取引　204
電子手形　20
展示販売　206
電子マネー　20
店舗施設　184
店舗の開設・維持　170
店舗の共同化　263
電話勧誘販売　261
電話調査法　63, 64
問　丸　89, 228
東京都消費生活条例　105
同形態間競争　194
同形態内競争　202
統計調査　248
統計法　248
統合卸　239
特殊指定　250
独占禁止法　131, 139, 140, 145, 214, 246, 250, 251
特定継続的役務提供　261
特定商取引法　207, 260

特定石油製品輸入暫定措置法　246
都市化　106
都市計画　202
都市計画区域　258
都市百貨店　193, 194
ドーナツ化現象　107
留置調査法　63
取引企業説　149
取引拒絶　250
取引情報　57
取引数単純化の原理　152
取引妨害　250
問屋　228
問屋制家内工業　128
問屋制度　224
問屋統一伝票　74

◎ な 行

内航海運　37, 39
内装　44
内部干渉　250
仲卸人　258
仲立業　223
仲立手数料　223
仲立人　239
ナショナル・ブランド（NB）　137
荷受　168
二次元バーコード　77
二次データ　62, 63
二重価格表示　251
二重構造　72
日米構造協議　254
ニッチ戦略　133
荷役　35, 45
ニールセン, O.　190
値札付け　168
ノイズ　56
農業協同組合　216

ノックダウン方式　48
延渡し　23

◎ は 行

廃業　209
媒体　53, 55
排他条件付取引　250
配達　168
排他的経路政策　146
売買契約　22
パイプライン　37
派遣店員　192
バーコード　70
端数価格　139
発注　166
パーティ販売　207
パブリシティ　140, 144
パレット　39, 45
販売員　206
販売会社（販社）　145, 206, 240
販売価格の決定　167
販売経路　145
販売促進（SP）　140, 144, 169
販売促進情報　60
販売代金の受取り　167
販売方法　183
非価格制限行為　251
ピギーバック　39
非接触型電子タグ　→IC タグ
ビッグデータ　69
必需的消費　112
百貨店　91, 117, 192
百貨店業　250
百貨店統一伝票　74
百貨店法　193, 253
標本調査　65
品質確保法　246
ファストフード　211
フォークリフト　45
フォロアー　138

フォワーダー　41
不完全機能卸売業者　238
複合一貫輸送方式　38
付合契約　28, 214
不正な取引方法　250
不正競争防止法　249
付帯サービス　163, 184
プッシュ政策　140
物流（物的流通）　7, 35
物流機能　168, 228
物流情報　59
物流センター　43, 94, 201, 229
物流センター・フィー　229
物流費用　36
不当高価購入　250
不当な顧客誘引　250
不当廉売　250
部門分化　88
プライス・リーダー　138
プライベート・ブランド（PB）
　　88, 137, 165, 196, 229
フランチャイザー　213
フランチャイジー　213
フランチャイズ契約　214
フランチャイズ・システム　174
フランチャイズ・チェーン
　　212, 213
ブランド　88, 136
ブランド・ロイヤルティ　117
プル政策　140, 141
プロトコルの標準化　73
プロモーション政策　134, 140
分荷　225
分割払い　28
分散　231
分散卸売業　232, 236
併売　215
ヘッジング　→掛繋取引
変動費　138
返品　192

返品条件付き買取仕入れ　25
貿易　12
貿易商社　237
包装　35, 43, 168
訪問購入　262
訪問販売　202, 206, 261
訪問販売法　260
保管　35, 42
保管機能　18
保管・店舗内外の移動　168
保険業者　9
保険制度　32
補助商業　149, 150
ポートフォリオ戦略　134
保有量調整　118
ホランダー, S. C.　92
ボランタリー・チェーン　212
ホール, M.　152
本船渡価格　23

◎ ま 行

マクネア, M. P.　188
マーケティング　130
　――の過程　132
マーケティング戦略　134
マーケティング・チャネル　145
マーケティング・ミックス
　　134, 136
マス広告　143
まちづくり　216
まちづくり3法　256, 257
マルチ商法　261
見込み生産　5, 42
水しぶき型　118
道の駅　219
ミッショナリー・セールスパーソン　141
無店舗販売　202
名声価格　138
メッセージ　54

——の伝達　55
メディア　53
持込価格　23
元　卸　236, 241
モノ離れ　111
モビリティ　108, 180
最寄品　124

◎ や　行

約束手形　28
優越的地位の濫用　250
有効性　245
郵送法　63, 64
有利誤認　103
優良誤認　103
輸出商社　237
輸　送　35, 36
輸送機能　18
輸送業者　9
輸送情報　60
ユニット・ロード・システム　46
輸入商社　237
予備調査　63
よろず屋　89

◎ ら・わ　行

ライフコース　115
ライフステージ　115
リーガン，W. J.　189
陸上輸送　36
立　地　219
立地分散化　208, 211
リテール・サポート　230
リード・タイム　50
リベート　27, 251

流通 BMS　78, 80, 81, 228
流通課業　151
流通加工　35, 47, 168, 229
流通機構　8, 53
　　——の環境　11
流通機能　17
　　——の分担　83
流通機能担当者の分化　88, 158
流通近代化政策　72, 262
流通金融　28
流通系列化　87, 139, 145, 156,
　　215, 239
流通経路　8
　　——の複雑性　71
流通サービス水準　36
流通システム化政策　72, 73, 263
流通情報　53
　　——の分類　57
流通助成機関　149
流通制度の改革　246
流通センター　257
流通倉庫　42, 43
流通の社会的役割　5, 9
流通ビジネスメッセージ標準　81
流通費用　151
　　——の節約　151, 152, 156, 225
流通フロー　7, 8, 17, 35
量と組合せの懸隔　5, 6
零細小売業　175
連鎖化事業　263
連鎖販売取引　261
ロイヤリティ　214
ワン・ストップ・ショッピング
　　93, 219

【著者紹介】

鈴木　安昭（すずき　やすあき）　元青山学院大学名誉教授，元豊橋創造大学名誉教授
1930 年　東京都に生まれる
1953 年　東京商科大学（現一橋大学）卒業
1966 年　Graduate School of Business, McGill University 卒業（M. B. A.）
2011 年　逝去
主　著　『商業の広域診断』同友館，1974 年（改訂版，1980 年）
　　　　『昭和初期の小売商問題』日本経済新聞社，1980 年
　　　　『日本の商業問題』有斐閣，2001 年
　　　　『商業論』（共著）有斐閣，1980 年
　　　　『マテリアル流通と商業』（共編）有斐閣，1994 年（第 2 版，1997 年）

【補訂者紹介】

東　伸一（あずま　のぶかず）　　　　　　担当章：第 3 章～第 6 章，第 11 章
青山学院大学経営学部教授

懸田　豊（かけだ　ゆたか）　　　　　　　担当章：第 2 章，第 7 章，第 9 章，第 10 章，第 13 章
青山学院大学名誉教授

三村　優美子（みむら　ゆみこ）　　　　　担当章：第 1 章，第 8 章，第 12 章，第 14 章
青山学院大学名誉教授

新・流通と商業〔第 6 版〕
Introduction to Social Marketing Systems〔6th edition〕

1993 年 3 月 31 日	初　版第 1 刷発行
1997 年 12 月 15 日	改訂版第 1 刷発行
1999 年 10 月 20 日	改訂版補訂第 1 刷発行
2002 年 4 月 15 日	改訂版第 2 補訂第 1 刷発行
2004 年 3 月 20 日	第 3 版第 1 刷発行
2006 年 12 月 10 日	第 4 版第 1 刷発行
2010 年 3 月 25 日	第 5 版第 1 刷発行
2016 年 12 月 5 日	第 6 版第 1 刷発行
2023 年 2 月 28 日	第 6 版第 6 刷発行

著　者　鈴木　安昭
補訂者　東　伸一
　　　　懸田　豊
　　　　三村　優美子
発行者　江草　貞治
発行所　株式会社　有斐閣
〒101-0051　東京都千代田区神田神保町 2-17
http://www.yuhikaku.co.jp/
印刷・大日本法令印刷株式会社
製本・大口製本印刷株式会社

© 2016, N. SUZUKI, N. AZUMA, Y. KAKEDA and Y. MIMURA. Printed in Japan
落丁・乱丁本はお取替えいたします。

ISBN 978-4-641-16467-3　　★定価はカバーに表示してあります。

JCOPY　本書の無断複写（コピー）は，著作権法上での例外を除き，禁じられています。複写される場合は，そのつど事前に，(一社)出版者著作権管理機構（電話03-5244-5088, FAX03-5244-5089, e-mail：info@jcopy.or.jp）の許諾を得てください。